기다려라, 반드시 응하리라

기다려라, 반드시 응하리라

김남국

규장

역전의 예수님을
대망하며…

얼마 전, 한 청년과 상담을 하게 되었다. 그 청년은 자부심을 가지고 섬겼던 교회에 대한 실망과 존경했던 믿음의 어른들의 이중적인 신앙에 크게 상처받고 있었다.

"다른 어떤 교회보다 우리 교회에 자부심을 가지고 있었는데…."

"선교할 때나 봉사할 때 그렇게나 천사 같은 모습의 어른들이었는데…."

말을 잇지 못하고 고개를 떨어뜨린 그 청년에게 내가 물었다.

"예수님 믿니?"

"네. 예수님 믿죠!"

"어떤 예수님을 믿니?"

"네?"

2014년 8월 프란치스코 교황이 우리나라에 방문했다. 교황이 방

프롤로그

문한 며칠 동안 마치 우리나라의 국교(國敎)가 천주교인 것처럼 온 나라가 들썩였던 것을 기억한다. 많은 곳을 방문하면서 사람들에게 더 가까이 가려는 교황의 모습에 찬사와 환호가 쏟아졌다. 그 와중에 나는 내 책을 읽은 한 청년이 쓴 서평을 보게 되었다.

"존경할 어른이 없는 개신교에 다니는 나는 기독교인이다. 썩은 가톨릭교회를 향해 종교개혁을 외쳤던 신앙 선배를 둔 프로테스탄트 교도인 것이다. 그런데 자꾸만 가톨릭이 칭찬받는 사회 분위기 속에 나도 모르게 위축이 되는 것을 느낄 수 있었다. 존경할 어른이 없는 지금의 현실이 서글펐다."

비단 이 청년만의 생각은 아니었다. 프란치스코 교황의 방문은 천주교 신자들에게는 감격이었다. 개신교 신자들마저 부러움을 감추지 못했고 개신교에는 존경할 만한 목사님들이 없다는 개탄의 소리가 이어졌다.

나는 주일에 하던 사사기 강해를 중단하고 5월부터 하박국서를 설교하며 8월에 거의 마무리 단계에 있었다. 성경을 묵상하면서 이스라엘의 죄악과 패역, 겁탈과 강포를 생생하게 체험하고 있는 하박국 선지자의 모습과 외침이 눈에 들어왔다. 또 이해할 수 없는 방법으로 응답하시는 하나님을 보면서 한동안 다른 것을 묵상할 수 없었다. 결국 사사기 설교를 잠시 쉬면서 외형적으로는 아무것도 해결되지 않았는데 하나님을 찬송하도록 하박국 선지자를 변화시킨 것이 무엇인지 알아보기로 했던 것이다.

하박국서를 마무리할 때쯤 우리나라를 방문한 프란치스코 교황을 보며 나는 하박국 선지자의 마음을 깊게 이해하게 되었다. 그리고 내가 기독교인이라는 데 더욱 자부심을 갖게 되었다. 교황의 방문을 저리 기뻐하고 아이들에게 다가가는 모습에 그토록 감격하는가?

이제 기독교인들은 알아야 한다. 기독교인이란 누구인가? 하나님이신 예수께서 이 땅 가운데 우리에게 찾아오셨고, 우리 죄를 위해 죽으셨고, 십자가를 지기까지 낮아지신 것을 믿는 사람들이다. 우리는 이 예수님만으로 충분히 만족할 수 있는 자들이다.

교회에 대한 실망으로 고개를 떨어뜨린 청년에게 내가 말했다.
"어떤 예수님을 믿니?"
"…."
"내가 믿는 예수님은 사망도 생명으로 역전시키시는 분이야."
"…."
"예수님을 믿으면 예수님만 바라봐. 그분이 어떻게 역전시키시는지, 그분이 어떻게 세상에 구원을 만들어 가시는지, 예수님이 희망이고 소망이야. 난 이 예수님을 믿어!"

　나는 기독교인이다. 죄인들을 위하여 기꺼이 이 세상에 오신 예수님을 믿는 자랑스러운 기독교인이다. 나는 이 예수님을 믿는다.
"비록 무화과나무가 무성하지 못하며 포도나무에 열매가 없으며 감람나무에 소출이 없으며 밭에 먹을 것이 없으며 우리에 양이 없으며 외양간에 소가 없을지라도 나는 여호와로 말미암아 즐거워하며 나의 구원의 하나님으로 말미암아 기뻐하리로다"라고 하박국 선지자를 찬송하게 만드신 분, 그 예수님을 믿는 기독교인이다.
　하박국서는 하박국을 탄식에서 대화로, 더 나아가 찬송하게 만드신 하나님을 볼 수 있는 책이다. 아무쪼록 이 책을 통해서 오늘을 사는 성도들이 세상의 불의와 사람에 대한 실망에서 벗어나 살아 계신 하나님을 보았으면 좋겠다. 이 시대에 존경할 만한 사람이 없다고 한탄하지 말고 우리가 그런 사람이 되기를 소망해본다.

　하나님은 살아 계신다. 하나님은 여전히 역사의 주인이시다. 하나님이 살아 계시는 한 절망은 없다. 비록 내 눈에 아무것도 보이지 않더라도 하나님을 기다리며 자신에게 주어진 삶을 묵묵히 살아가라. 반드시 응할 것이다.

　하나님을 기다려라, 반드시 응하리라!

2014년 12월 예수님이 더 좋아진 어느 날
김남국 목사

프롤로그

PART 1 하박국, **항의**와 **탄식**

01 내가 없다고 하지 마라 14

02 이해하지 못하는 길을 가라 32

03 아직 더 보아야 한다 52

04 하나님을 경청하라 72

PART 2 하박국, **믿음**과 **지식**

05 네가 믿는 하나님 앞에 서라 90

06 의인은 믿음으로 산다 110

07 하나님을 아는 지식이 없어 망한다 124

08 분명한 하나님 한 분만 바라본다 146

CONTENTS

PART 3 하박국, 임재와 찬양

09 하나님의 임재를 경험하라   158

10 이것이 끝은 아니다   172

11 묵묵히 그 길을 가라   184

12 하나님의 영광을 노래하다   196

에필로그

PART 1

하박국, 항의와 탄식

Chapter 01
내가 없다고 하지 마라

　나이를 먹는다는 것은 여러 가지 의미가 있다. 그중에 하나가 옛날에는 쉽게 고백되었던 것이 쉽게 고백되지 않고 또 옛날에 쉽게 느껴졌던 것이 그리 쉽지 않다는 것을 고백하게 된다는 점이다.
　〈나의 만족과 유익을 위해〉라는 찬양이 있다. "주의 죽으심 본을 받아서 그의 생명에 참예하네. 내 안에 가장 귀한 것 주님을 앎이라. 모든 것 되시며 의와 기쁨 되신 주 사랑합니다"라고 이 찬양의 클라이맥스를 부를 때쯤 주먹을 불끈 쥐거나 "내 안에…"라고 하면서 손이 위로 쭉 올라가지 않는가.
　나도 청년의 때 어렵고 힘들었지만 부들부들 떨면서 하나님을 아는 것이 가장 소중하다고 고백했다. 그런데 요즘 나는 주먹이 안 쥐어진다. 손이 잘 안 올라간다.

내 안에 가장 귀한 것이 주님을 아는 것이라는 데는 우리 모두 동의할 것이다. 그런데 어떻게 어떤 방법으로 아느냐에는 선뜻 동의하지 못하겠다는 것이다. 젊었을 때는 말씀 그대로, 주님을 아는 것이 가장 고상한 일이라고 했지만 인생을 살아보니 주님을 아는 과정이 결코 만만치 않기 때문이다.

"주님, 지금도 충분하지 않아요?"

"쟤보다는 내가 낫지 않나요?"

"천국 가서 완전히 알면 안 될까요?"

"여기에선 이 정도만 알아도 되지 않을까요?"

보통 이런 식이지 두 주먹을 불끈 쥐고 부르르 떨게 되지는 않는다.

부담스러운 **말씀**

올해 초 마커스 목요 찬양 때 김준영 대표의 열세 살 된 아들이 와서 예배를 드렸다. 청년예배인데도 내가 좀 더 재미있게 말씀을 전하자 즐거워하면서 말씀을 잘 들었다. 그런데 설교가 끝났을 때쯤 이렇게 말했다고 한다.

"나 오늘 예배에 괜히 왔다!"

왜냐하면 내가 이렇게 말했기 때문이다.

"하나님과 동행하려면 휴대폰 게임을 하지 마라. 청년들이 휴대폰으로 문자 보내고 카톡으로 대화하는 것까지는 이해한다. 하지만 다른 건 몰라도 게임은 아니다. 휴대폰 게임은 어딜 가든지 할 수 있다. 심지어 외국에 가서도 한다. 휴대폰 게임과 동행한다는 건 매우 심각하다. 그러니까 이건 절대 하지 말아야 한다. 여기에 중독되어서는 안 된다."

이 아이가 한참 은혜를 받다가 이 말씀이 딱 걸린 것이다. 말씀을 듣다가 자기도 모르게 "나 오늘 예배에 괜히 왔다"라는 말이 툭 튀어나왔는데, 아이의 엄마가 듣고 내게 전해준 것이다.

그래서 내가 나중에 아이를 불러놓고 말했다.

"하나님께서 너를 여기까지 와서 예배드리게 하신 것은 2014년 올 한 해, 너에게 휴대폰 게임을 하지 말라고 하시는 것 같다. 하나님의 명령이니까 하지 마라."

그러자 아이는 "네"라고 대답했다. 하지만 속으로는 '아, 이렇게 재수 없을 수가! 왜 이 말씀을 들어가지고…' 하지 않았을까? 이해가 되는가? 하박국서가 어떤 성경인가? 우리가 왜 하박국서의 말씀을 피하고 싶어 하는가? 하박국서는 처음부터 하나님을 향한 하박국의 만만치 않은 고백으로 시작한다.

"하나님, 어떻게 이러십니까?"

"언제까지 악을 그대로 보고만 계실 겁니까?"

"하나님, 어떻게 악인이 이렇게 합니까?"

그런데 하박국서는 "왜 악이 존재하는가?"라는 의문보다 더 깊은 본문이다. 흔히 우리가 이해하기 어려운 성경적 맥락 가운데 있는 본문 중 하나이다.

구약에는 크게 두 가지 흐름이 있다. 첫 번째가 신명기 사관(史觀)이다.

"네가 네 하나님 여호와의 말씀을 삼가 듣고 내가 오늘 네게 명령하는 그의 모든 명령을 지켜 행하면 … 네가 들어와도 복을 받고 나가도 복을 받을 것이니라 … 네가 만일 네 하나님 여호와의 말씀을 순종하지 아니하여 내가 오늘 네게 명령하는 그의 모든 명령과 규례를 지켜 행하지 아니하면 이 모든 저주가 네게 임하며 네게 이를 것이니 … 네가 들어와도 저주를 받고 나가도 저주를 받으리라."

신명기 28장 말씀처럼 인과응보(因果應報)이다. 한마디로 하나님의 말씀을 지키는 자는 복을 받고 하나님의 말씀을 지키지 않는 자는 화를 받는다는 것이다.

또 하나의 흐름은 욥기다. 욥은 자신의 죄 때문에 고난받은 것이 아니다. 따라서 신명기 사관과는 맞지 않는다. 왜냐하면 그는 사탄 앞에서 하나님으로부터 인정받은 사람이었기 때문이다. 그런 욥이 당한 고난을 생각해보라. 결코 만만치 않다. 따라서 욥기는 의인이라도 하나님이 그를 알게 하고 자라게 하고 만드는 과정 가운데 고난이 있다는 것을 보여준다.

이것은 아벨로부터 내려왔다. 아담이 선악과를 먹은 이후 가인이 잘못된 예배를 드릴 때에도 아벨은 하나님께 온전한 예배를 드렸다. 그런 그가 가인에게 맞아 죽었다. 의인의 허무함이다. 아벨이라는 이름은 "공허", "허무"라는 뜻이다. 이 땅에서 믿는 자들이 하나님 앞에 살아갈 때 아무리 옳고 바르고 의롭게 살아도 세상으로부터 돌아오는 것은 핍박과 공허와 허무라는, 아벨의 인생이 갖는 의미를 나타낸다고 할 수 있다.

욥은 누구보다 끔찍한 인생을 당했다. 하박국도 동일한 내용을 고백한다. 물론 하박국 시대의 이스라엘은 하나님 앞에 온전하지 못했고 범죄했다. 하박국도 지금 그 이야기를 한다.

"하나님, 맞습니다. 잘못한 것이 맞습니다. 죄를 지은 것도 맞습니다. 그런데, 그런데, 그 벌로 왜 꼭 저런 놈들에게 당해야 됩니까?"

이것이 하박국의 고민이다.

혼이 나도 **아버지 손에**

여호와여 내가 부르짖어도 주께서 듣지 아니하시니 어느 때까지리이까 내가 강포로 말미암아 외쳐도 주께서 구원하지 아니하시나이다
합 1:2

"어느 때까지리이까"라는 구절은 구약의 시편이나 애가를 시작하는 전형적인 표현이다. 하박국은 처음부터 "여호와여 내가 부르짖어도 주께서 듣지 아니하시니 어느 때까지리이까"라고 애가 식으로 표

현한다.

흔히 우리가 잘 아는 비법 기도가 있다.

일을 행하시는 여호와, 그것을 만들며 성취하시는 여호와, 그의 이름을 여호와라 하는 이가 이와 같이 이르시도다 너는 내게 부르짖으라 내가 네게 응답하겠고 네가 알지 못하는 크고 은밀한 일을 네게 보이리라 렘 33:2,3

분명히 예레미야서에는 부르짖으라고 했다. 하나님께 부르짖으면 하나님께서 응답하겠다고 하셨다. 그런데 그와 반대로 하박국이 부르짖어도 주께서는 듣지 않으신다고 하니 두 말씀이 서로 배치된다. 하박국과 예레미야는 같은 시대를 살았던 선지자이다. 그들은 바벨론이 일어나 앗수르를 몰아내고 애굽과 유다까지 멸망시키는 시대, 나라가 패망의 길을 걸어가던 시대를 살아갔다. 우리로 말한다면 구한말(末)을 살아간 셈이다.

그런데 하박국은 지금 그런 시대를 살아가는 선지자가 기도해도 하나님께서 듣지 않으시고 울부짖어도 구원하지 않으신다고 말한다.

"하나님, 우리가 잘못한 것, 맞습니다. 그렇지만 아무리 그래도 하나님의 백성이 아닙니까? 하나님의 자녀가 아닙니까? 어떻게 악한 바벨론에게 당하게 하십니까? 자기 자식을 그렇게 내주는 법이 어디 있습니까?"

내 자식은 내가 패는 것이 낫다. 함부로 남의 자식을 때리면 위험하다. 자식이 잘못하면 부모가 패야지, 내 자식이 남에게 맞는다고 생각해보라. 더 끔찍하다. 나 역시 부모 된 입장에서 내 아들이 다른 사람한테 맞는다면 가장 속상할 것이다.

내가 말 안 듣는 내 아들을 사람 만들겠다고 어느 깡패 소굴 같은 데 집어넣은 다음 개 패듯이 패라고 한 뒤 골병이 들어 나오는 아들을 보고 "거봐, 아빠가 말할 때 아빠 말을 들어야지!" 이렇게 말한다면 사람들이 뭐라고 할까?

"아니, 목사님. 그래도 그렇지, 어떻게 애를 거기다 넣어요? 거긴 악당들의 소굴이잖아요?"

하박국의 고백 역시 동일하다.

"하나님, 어떻게 이스라엘 백성들을 바벨론에게 넘깁니까? 이스라엘은 선민이 아닙니까? 자녀가 아닙니까? 아브라함부터 끄집어내신 하나님의 백성이 아닙니까? 선민의 나라가 무너지는데 하나님께 부르짖는 것이 정당한 것 아닙니까? 혼을 내도 하나님이 혼내시지 어떻게 바벨론에 멸망하게 하십니까?"

하나님, 왜?

하박국서는 다른 선지서와 결정적으로 다른 것이 있다. 모든 선지서는 이렇게 시작한다. 하나님의 말씀이 선지자에게 임한다. 그러니까 선지자에게는 여호와께서 자기에게 하신 말씀이 있다. 대개 이것이 선지서의 시작이다. 같은 패턴이다.

"여호와의 말씀이 아밋대의 아들 요나에게 임하니라 이르시되 너는 일어나 저 큰 성읍 니느웨로 가서 그것을 향하여 외치라 그 악독이 내 앞에 상달되었음이니라 하시니라"(욘 1:1,2).

"유다의 왕들 요담과 아하스와 히스기야 시대에 모레셋 사람 미가에게 임한 여호와의 말씀 곧 사마리아와 예루살렘에 관한 묵시라 백성들아 너희는 다 들을지어다 땅과 거기에 있는 모든 것들아 자세히 들을지어다 주 여호와께서 너희에게 대하여 증언하시되 곧 주께서 성전에서 그리하실 것이니라"(미 1:1,2).

"아몬의 아들 유다 왕 요시야의 시대에 스바냐에게 임한 여호와의 말씀이라 스바냐는 히스기야의 현손이요 아마랴의 증손이요 그다랴의 손자요 구시의 아들이었더라 여호와께서 이르시되 내가 땅 위에서 모든 것을 진멸하리라"(습 1:1,2).

"다리오 왕 제이년 여섯째 달 곧 그 달 초하루에 여호와의 말씀이 선지자 학개로 말미암아 스알디엘의 아들 유다 총독 스룹바벨과 여호사닥의 아들 대제사장 여호수아에게 임하니라 이르시되"(학 1:1).

"다리오 왕 제이년 여덟째 달에 여호와의 말씀이 잇도의 손자 베레갸의 아들 선지자 스가랴에게 임하니라 이르시되 여호와가 너희의 조상들에게 심히 진노하였느니라 그러므로 너는 그들에게 말하기를 만군의 여호와께서 이처럼 이르시되 너희는 내게로 돌아오라 만군의 여호와의 말이니라 그리하면 내가 너희에게로 돌아가리라 만군의 여호와의 말이니라"(슥 1:1-3).

"여호와께서 말라기를 통하여 이스라엘에게 말씀하신 경고라 여호와께서 이르시되…"(말 1:1,2).

이렇게 모든 패턴이 여호와께서 선지자를 통해 "너희에게 이렇게 말씀하신다"고 흘러가는데 하박국서는 예외다. 하박국서는 이렇게 시작한다.

> 선지자 하박국이 묵시로 받은 경고라 여호와여 내가 부르짖어도 주께서 듣지 아니하시니 어느 때까지리이까 내가 강포로 말미암아 외쳐도 주께서 구원하지 아니하시나이다 합 1:1,2

1절, "선지자 하박국이 묵시로 받은 경고라"라고 할 때 '묵시'는 "보다"라는 의미이다. 하나님을 보거나 하나님이 주시는 환상을 본다는 뜻이다. '경고'란 원뜻에 가깝게 "말씀"이라고 보는 것이 좋다. 따라서 하나님이 경고하셨다는 의미라기보다 선지자 하박국을 통해 "하나님이 보여주신 말씀"이라는 뜻이다.

2절, "여호와여 내가 부르짖어도 주께서 듣지 아니하시니 어느 때까지리이까 내가 강포로 말미암아 외쳐도 주께서 구원하지 아니하시나이다", 이 느낌을 알겠는가? 선지자가 하나님으로부터 받은 하나님의 묵시, 하나님으로부터 받은 하나님의 말씀이 시작되는 것이 아니라 "하나님, 왜 말씀하지 않으세요? 왜 구원하지 않으세요? 왜 응답이 없어요?"라고 시작하는 것이다.

하나님 없는 것 같은 인생에도 **계시는 하나님**

지금 내게 하나님의 말씀이 안 들리고, 하나님이 내 기도에 응답하지 않으시고, 하나님이 내게 하시는 역사가 없을 때 흔히 우리는 이렇게 말한다.

"아, 하나님은 안 계셔. 하나님이 살아 계신다면 이럴 수는 없어. 어떻게 우리 가정을 이렇게 놔둬? 내가 얼마나 기도했는데, 내가 얼마나 부르짖었는데, 어떻게 이런 일을 당하게 하면서 하나님이 있다고 말해?"

내가 청년 시절 교회를 떠났을 때 처음에 바로 이 마음이었다. 그토록 간절히 기도했고 하나님 앞에 나아와 예배했는데, 우리 가정은 망했다. 나는 쫄쫄 굶었고 차비가 없어 걸어서 다녔다. 그런데 한편에서는 예배 시간에 도망가서 담배 피우며 당구 치는 청년들이 있었다. 아무 문제없이 멋지게 대학에 다니고 잘 살았다. 그중에는 모태신앙이나 중직자의 자녀들도 있었다. 예배에 빠져도 멋지게 대학을 다니면서 잘 살았다.

"하나님, 살아 계신 거 맞아요? 아니요. 없어요! 하나님은 안 계셔."

그렇게 하고 골방에 들어가 넉 달간 나오지 않고 담배를 피웠다.

하나님이 계시면 이럴 수 없다면서 교회에 안 갔다. 줄담배를 피웠지만 벼락도 내리치지 않았다. 나는 천사가 나타나서 내 담뱃불을 확 끌 줄 알았다. 내 담뱃불 하나 못 끄는데 하나님이 어디 있다는 건가 싶어 나는 여전히 내 인생에 하나님은 없다고 했다. 그런데 하나님은 그것이 하나님의 계시라고 하신다.

하나님이 하나님의 계시를 어떨 때 어떻게 드러내시는가? 하나님은 하박국이 "하나님이 계신 거 맞아요?"라고 한 이 부르짖음을 성경에 기록하셨다. 하박국서는 단순히 "왜 의인이 고통당하는가?", "왜 악은 팽배하는가?"라는 문제를 넘어선다. 의인이 악인에게 당하고, 인생은 찢어지고, 하나님께 부르짖어도 응답이 없는 삶, 우리가 느끼기에 하나님이 안 계신 것 같은 우리의 인생이 바로 하나님의 계시의 말씀이라는 것이다. 하나님이 안 계신 것처럼 끔찍한 내 인생에도 사실은 하나님이 자신의 계시를 쓰고 계셨다는 것이다.

내가 그리스도의 복음을 위하여 드로아에 이르매 주 안에서 문이 내게 열렸으되 내가 내 형제 디도를 만나지 못하므로 내 심령이 편하지 못하여 그들을 작별하고 마게도냐로 갔노라 항상 우리를 그리스도 안에서 이기게 하시고 우리로 말미암아 각처에서 그리스도를 아는 냄새를 나타내시는 하나님께 감사하노라 우리는 구원 받는 자들에게나 망하는 자들에게나 하나님 앞에서 그리스도의 향기니 이 사람에게는 사망으로부터 사망에 이르는 냄새요 저 사람에게는 생명으로부터 생명에 이르는 냄새라 누가 이 일을 감당하리요 우리는 수많은 사람들처럼 하나님의 말씀을 혼잡하게 하지 아니하고 곧 순전함으로 하나님께 받은 것같이 하나님 앞에서와 그리스도 안에서 말하노라 우리가 다시 자천하기를 시작하겠느냐 우리가 어찌 어떤 사람처럼 추천서를 너희에게 부치거나 혹은 너희에게 받거나 할 필요가 있느냐 너희는 우리의 편지라 우리 마음에 썼고 뭇 사람이 알고 읽는 바라 너희는 우리로 말미암아 나타난 그리스도의 편지니 이는 먹으로 쓴 것이 아니요 오직 살아 계신 하나님의 영으로 쓴 것이며 또 돌판에 쓴 것이 아니요 오직 육의 마음판에 쓴 것이라 고후 2:12-3:3

사도 바울은 자신이 갖는 사도 직분에 어떤 추천서가 필요한 것이 아니며 예수를 믿는 고린도교회 교인들이야말로 자신의 사도권을 인정해주는 그리스도의 편지라고 말하고 있다. 하나님은 선지자를 통해 하나님의 말씀을 나타내시기도 하지만 하나님의 편지요 향기로 살아가는 그의 삶을 하나님 자신의 계시로 이 세상에 보여주신다.

하박국서가 바로 그런 내용이다. 하나님은 하박국의 울부짖음, 고난, 유다의 멸망까지 모두 하나님의 계시로 쓰고 계신다.

도대체 하나님은 **어떤 분인가?**

한번은 TV에서 손양원 목사님의 삶을 다룬 다큐멘터리를 봤다.

우리가 잘 알고 있듯이 손양원 목사님은 자신의 두 아들을 죽인 원수를 양자(養子) 삼았다. 그리고 양자로 삼은 아들이 낳은 아들이 목사님이 되었다.

그는 《사랑의 원자탄》이라는 책을 통해 손양원 목사님의 두 아들을 죽인 사람이 자신의 아버지라는 것을 알게 되었고 큰 충격을 받았다. 한국 기독교 역사에서 빼놓을 수 없는 손양원 목사의 두 아들을 죽인 살인자가 자신의 아버지라니, 그가 아버지에 대해 평생 어떤 마음으로 살아갔을까? 그는 자신이 신학을 하고 목사가 되어도 괜찮은지 괴로워했다고 한다. 그런 그가 돌고 돌아 결국 목사가 되었다.

'손양원 목사님과 두 아들은 일찍이 순교하여 한국 기독교 역사에 별과 같이 빛나게 되었다고 하지만 다른 하나님의 자녀들은 어떤가? 손양원 목사님이 양자 삼은 사람이 예수님을 믿었다면 그도 하나님의 자녀이고 목사가 된 그의 아들 역시 하나님의 자녀이니 하나님 편에서 모두 하나님의 자녀가 아닌가?

손양원 목사님이 양자 삼은 아들은 평생 마음속에 얼마나 큰 짐을 진 채 살았을 것이며, 그가 낳은 아들 역시 자신이 아버지를 선택한 것이 아닌데 왜 살인자의 아들이라는 말을 들으며 그 십자가를 져야 할까? 한국 교회에서 손양원 목사님의 이야기가 나올 때마다 그 자손들이 얼마나 가슴이 아플까?

스데반을 죽인 바울이 죄인 중에 내가 괴수라고 한 것처럼 그들도 이 아픔을 평생 짊어지고 갔을 것이 아닌가. 하나님은 도대체 왜 이렇게 일하실까? 하나님은 왜 지금도 하나님을 더 알기 원하는 사람의 인생길을 돌아가게 하실까? 왜 힘들게 하실까? 뭣 때문일까요?'

이런 생각이 꼬리에 꼬리를 물었다.

하나님이 응답하시는 인생

그럴 때 우리는 하나님이 어떤 분인가를 생각해야 한다. 혹 한 해 동안 결혼도 하고 사업도 잘되면 나는 축복받았다고 하고, 여전히 결혼도 못하고 고난받는 일만 있으면 나는 저주받았다는 식의 논리는 펴지 말라.

하나님은 모든 하나님의 백성 가운데 그리스도의 향기요, 그리스도의 편지를 쓰시는데 그 계시의 방법이 각각 다르다. 우리는 세상의 소금이다. 세상의 빛이다. 세상에 나가 그리스도의 향기와 편지를 전하고 하나님의 살아 계심과 성경 말씀이 진리임을 우리의 삶 가운데 드러내는 삶을 살아야 한다. 그것이 세상을 향한 하나님의 경고이자 묵시라는 것이다.

그러면 어떻게 살아가야 하는가? 우리가 남들이 다 부러워하는 축복을 받은 것처럼 살아도 우리는 그것만이 진정한 축복은 아니라는 하나님의 계시를 나타내야 할 책임이 있다. 비록 내가 어렵게 살아가더라도 이 고난이 나를 죽이지 못하고, 그럼에도 불구하고 내가 하나님을 붙잡고 하나님을 따라가서 하나님이 살아 계시며 내가 곧 하나님의 계시임이 드러나는 삶을 살아야 한다.

세상 사람들이 이렇게 말할 때가 있다.

"야, 너는 뭐 그렇게 교회에 나가도 1년 전이나 지금이나 똑같아."

그러나 안 똑같은 것이 있다. 상황은 같을지 몰라도 내 속의 속사람이 바뀌었고, 하나님을 붙잡는다는 것이 바뀌었고, 내 안에 가장 귀한 주님을 좀 더 알게 되었다는 것이 다르다.

"저 사람은 어떻게 저런 상황에서도 저렇게 기뻐할 수 있지? 어떻게 저런 인생을 살 수 있지? 나 같으면 포기할 텐데 저 사람은 왜 포기하지 않지?"

내가 내 안에 변화된 새사람을 붙잡고 나아가면 결국 그들도 내 겉모습이 아닌 내 안에 특별한 무엇이 있는지 알게 된다. 그것이 하박국이 말한 경고이다. 하나님이 응답하시는 긴 과정이 우리의 인생에 있어야 한다. 그것이 신앙이다.

연륜의 미

제럴드 싯처 목사님이 《하나님의 뜻》이라는 책을 썼다. 그는 교통사고로 어머니와 아내와 딸을 한꺼번에 잃었다. 음주 운전자가 몰던 차량이 그의 일가족이 탄 차를 향해 돌진해왔기 때문이다. 제럴드 싯처 목사는 두 아들과 함께 살아났지만 납득할 수 없는 사고로 인해 너무나 큰 충격을 받아 거의 폐인이 되다시피 했다. 그러나 그는 2년 만에 일어섰다.

하나님의 뜻을 깨달아서일까? 아니다. 그는 여전히 하나님의 뜻을 모르겠다고 했다. 그를 일으켜 세운 것은 그의 두 아들이었다. 자녀 때문에 정신을 차리고 일어선 것이다.

그 후 오랜 시간이 흐른 뒤 그가 쓴 책이 《하나님의 은혜》라는 책이다. 다음은 그 책의 일부이다.

2006년 가족 휴가 때 나는 아이들과 함께 캐나다 로키산맥에 있는 뱀프국립공원에 갔다. 닷새 동안 65킬로미터 정도를 걸으며 웅장한 공원의 절정을 마음껏 즐겼다. 나무껍질이 흰색인 특정한 수종의 소나무가 등산길에 자주 눈에 띄었다. 그 나무들은 곳곳에 산재해 있었고 특히 고도가 높은 곳에 더 많았다. 나무마다 풍상을 견뎌낸 흔적이 역력했다. 줄기는 옹이투성이였고 가지는 꺾여 나갔고 껍질은 바람과 눈비와 진눈깨비에 시달려 꺼칠꺼칠했다. 덩이진 잎들은 한 뼘의 햇볕을 훔치고 있었고 짐승의 발톱처럼 생긴 뿌리는 비탈진 바위를 꽉 움켜쥐고 있었다. 이 나무들은 세월의 시험을 통과하여 살아남았고 비바람에 깎여 비범한 예술 작품이 되었다. 정말 아름다웠다. 아이의 순진하고 가냘픈 얼굴 같은 아름다움이 아니라 평생을 어부나 농부로 살아온 사람의 늙고 주름진 얼굴 같은 아름다움이었다.

쭉 뻗고 잘 차려입은 연예인의 아름다움도 있지만, 강한 비바람에

꺾이고 찢겨 옹이가 박혀도 여전히 강한 생명력으로 버티고 서 있는 나무처럼 세월을 이겨낸 아름다움이 있다.

하나님께서 우리를 강한 풍랑 속에 살아가게 하실 때가 있다. 유다는 멸망했다. 의인은 믿음으로 말미암아 산다. 하박국이 무화과나무가 무성하지 못하고 포도나무에 열매가 없고 감람나무에 소출이 없어도 주님으로 말미암아 즐거워하겠다고 고백했다. 그럼에도 불구하고 그 나라는 멸망했다.

그러나 그 멸망 속에서도 이스라엘은 영원히 망하지 않았고 예수 그리스도가 오셨고 지금도 하나님의 나라와 복음이 여전히 전파되고 있다. 바로 풍상을 이겨낸 연륜이 있는 아름다움이다.

너의 인생 속 나의 계시

신앙을 값싸게 여기지 말라. 이 점이 한국의 기독교가 가장 안타까운 부분이다. 하나님께서 돈을 벌게 해주고 건강하게 해주고 뭔가 잘되게 해주면 우리 하나님은 살아 계신다고 하고, 쭉 뻗은 소나무나 맑은 물만 하나님께 영광이 된다고 생각하는 것은 값싼 신앙이다. 복음은 순교자의 피값, 어떤 상황에서도 신앙을 포기하지 않은 수많은 선진들을 통해 지금까지 흘러왔다. 그 아름다움이 놀라운 것이다.

하박국의 노래가 그렇다.

"하나님, 언제까지 응답하지 않으시겠습니까?"

그런데 하나님은 이렇게 말씀하시는 것이다.

"응답하지 않는 것이 아니다. 너의 삶, 너의 인생, 너의 부르짖음이 바로 응답이며 이 세상을 향한 나의 계시란다. 나라가 멸망하는 가운데서도 여전히 하나님을 붙잡고 믿음으로 산다는 너의 고백이 바로 나의 계시의 방법이다. 세상 사람들이 다들 '하나님이 어디 있어?'라고 말할 때 '하나님이 여기 계셔. 나를 봐. 찢기고 깨어져도 나는 무너지지 않아. 하나님이 나와 함께 계셔'라고 고백하는 너의 인생 속에 나의 계시가 있단다."

우리가 비록 꺾이고 부러진 나무 같을지라도 그런 사람에게도 세월을 이겨낸 아름다움이 있다. 하나님께서 이 땅의 수많은 그리스도인에게 원하는 인생이 바로 이런 것이다. 우리의 삶 가운데 나 자신이 원하는 것이 아니라 주님이 나를 통해 하기 원하시는 일들이 드러나기를 바란다. 우리 기도의 내용과 삶의 내용, 하나님을 향한 열심이 바뀌었으면 좋겠다.

우리가 살다보면 기쁠 때, 슬플 때, 화날 때, 아플 때가 있다. 그러나 내가 기쁠 때는 하나님이 일하시고 내가 슬플 때는 하나님이 없는 것이 아니라 눈물과 아픔, 울부짖음이 있을지라도 그럴 때에도 함께하시는 주님을 바라고 붙잡고 주님과 동행하는 인생으로 드러나야 한다. 나의 삶에 내가 하나님을 붙잡는 흔적이 나타날 수 있게 도와달라고 구하라. 하나님의 말씀을 붙잡고 자라가라.

Chapter 02
이해하지 못하는 길을 가라

〈내가 죽지 않고 살아서〉라는 찬양곡이 있다.

내가 죽지 않고 살아서 여호와 하신 일을
나의 모든 삶과 노래로 주께서 하신 일을 선포하리라
내가 죽지 않고 살아서 여호와의 영광을
나의 모든 삶과 노래로 주께서 하신 일을 노래하리라

사실 이 찬양의 가사를 들을 때 나는 개인적으로 '내가 죽지 않고 살아서 여호와의 영광을 위해 달려가겠다'는, 아직 죽지 않은 자기 힘이 느껴졌다.
나는 이 곡의 가사 하나를 바꿔서 불러보고 싶다.

"내가 죽지 '못해' 살아서 여호와의 영광을…."

물론 찬양의 가사로 따지면 시편 118편 17절 말씀과 같이 '죽지 않고 살아서'가 맞다. 솔직히 '죽지 못해 살아서'는 뭔가 궁상맞은 데가 있다. 하지만 인생에 대한 고백이라면 '내가 죽지 못해 살아서'라는 가사가 훨씬 더 깊이가 있다고 생각한다.

죽지 못해 **살아서?**

우리가 인생을 살아가면서 한 번쯤은 죽을 수도 없는 상황에 부닥친다. 차라리 죽는 게 더 편하고 낫겠다 싶을 때, 그런데 죽지도 못하고 살아야 할 때 말이다. 이것이 얼마나 어려운지는 겪어본 사람만이 안다.

돌아보면 나의 30대는 진짜 하나님을 위해 순교할 수 있다는 열정으로 가득했다. 30대에 설교할 때 나는 지금의 목소리가 아니었다. 강단에 서는 순간 바로 톤이 올라갔다. 요즘 설교의 클라이맥스에나 올라가는 톤으로 처음부터 끝까지 속사포처럼 설교했다. 장장 4시간이 넘게 설교한 적도 있다.

'그래. 오늘 이게 내 마지막 설교다. 이 설교를 마치고 죽으면 죽는 거다. 강단에서 터지면 거기서 그냥 죽자.'

그때는 정말 하나님 앞에 그런 마음이었다. 전도여행을 가도 '하나님이 나를 그곳에 보내셨는데 거기에 전념해야지' 하는 마음으로 잘 도착했다고 집에 전화 한 번 하는 일이 없었다. 아내나 두 아들의 사진을 지갑에 넣어가지고 다녀본 적도 없다. 비록 작은 일이지만 주님을 향한 내 마음을 빼앗기지 않기 위해서다.

그런데 요즘 들어 하나님께서 "남국아, 그런 자리에 가서 순교할래?" 그러시면 나도 잘 모르겠다. 왜 그럴까? 내 신앙이 변질되어서일까? 그렇지 않다. 뭐가 달라졌느냐 하면 내 인생의 무게와 책임이 달라지기 시작했다. 한번은 성지순례를 다녀왔는데, 내가 거기 가서 붙잡혔다고 생각해보았다. 30대라면 붙잡혀서 죽게 되었더라도 물 불 안 가리고 "아멘!" 그랬을 거다. 하지만 만일 지금 내가 붙잡힌다면 어떻게 했을지 자신이 없었다.

비행기를 타고 가다보면 기체가 심하게 흔들릴 때가 있다. 그럴 때 흔히 처녀 총각들이 이렇게 말한다.

"아, 나는 지금 천국 가면 안 되는데…."

왜냐하면 결혼도 한 번 못해보고 죽으면 어떡하느냐는 것이다. 하지만 죽으려면 결혼하기 전에 죽어야 한다. 바다에 두 사람이 빠졌다. 그런데 튜브가 하나면 그 튜브를 누가 붙잡고 살아야 할까? 두 사람 중 한 사람은 기혼이고 한 사람은 미혼이라면 미혼 청년이 튜브를 양보해야 한다. 왜냐하면 결혼을 하고 죽으면 나쁜 놈이기 때문이다. 생각해보라. 결혼한 사람이 죽으면 배우자나 자식은 어떻게 되느냐 말이다. 결혼하면 죽지 못하고 살아야 한다. 죽지 못해 산다는 것을 아는가?

지금 나에게 칼을 들이대고 "너 예수 믿어? 안 믿어?" 그런다면 그 때 가봐야 알 것 같고, 내 아들 목에 칼을 들이대고 "너 예수 믿어? 안 믿어?" 그러면 솔직히 자신이 없다. 예나 지금이나 내가 예수님을 믿는 것은 확실하고 예수님을 위해서 생명을 다해 살려는 마음도 사실이다. 걱정하지 말라. 그렇지만 그만큼 내 인생의 무게와 책임이 달라졌다.

"하나님, 부디 저를 시험하지 마세요. 뺑칠 수 있어요."

하루의 괴로움을 **견뎌라**

죽지 못해 산다는 것을 아는가?

아침에 눈을 떴을 때의 두려움을 아는가? 한 날의 괴로움은 그날로 족하다는 주님의 말씀의 무게를 안다면 내일 일까지 염려할 수도 없다. 그날, 오늘 내가 만날 사람, 오늘 하루를 견뎌내야 할 몸, 그날 하루만이라도 잘 살고 싶은 마음, 그 삶의 무게를 아는가? 아침에 눈을 뜨는 순간부터 오늘도 죽지 못해 살아야 한다는 것은 또 다른 삶의 깊이를 이야기한다.

그런 삶 가운데 가장 어려운 것이 있다. 죽지 못해 사는 삶의 이유도 모르면서 살아갈 때 더 어렵다. 그런 측면에서 보면 불교가 얼마나 편한지 모른다. 불교는 정확한 답이 있다. 오늘 내게 있는 어려움? 내가 왜 지금 이런 부모를 만났는가? 이유가 있다. 그것을 전생의 업(業)이라고 설명한다. 그리고 이생에서 잘 살고 전생의 업보의 대가를 치르면 다음 생에는 편한 인생을 살아간다는 것이다.

그러나 기독교는 알파와 오메가요 처음과 나중이다. 하나님께서 오직 단 한 번뿐인 인생 안에 나를 집어넣으셨다. 그 인생을 살아가는데 내가 왜 이런 가정에서 태어났고, 이런 환경 속에 있고, 이렇게 살아가는가? 그것을 '하나님의 뜻'이라고 한다. 하나님의 뜻을 아는가? 나도 모른다.

하나님의 뜻도 모르는 목사의 설교를 들어야 하는 성도들의 속은 얼마나 답답할까. 그러나 하나님의 뜻은 몰라도 내가 아는 것이 있다. 하나님은 분명히 살아 계시고 우리의 인생 속에서 우리를 이끌어 가신다는 것, 하나님께는 분명히 이유가 있다는 것, 나는 그것밖에 모른다. 나중을 모르겠다. 이렇게 모르고 가는 것이 어렵다. 하나님의 뜻이 분명하다는 것을 아는데도 도무지 이해할 수 없는 상황 가운데 두실 때 더 어렵다.

그것이 하박국의 고백이다.

하나님, 그때 어디 계셨어요?

"내가 부르짖어도, 내가 외쳐도 듣지 않고 구원하지 않으시는 것이 어느 때까지입니까? 어찌하여 죄악을 보게 하시며 패역을 눈으로 보게 하십니까?"

하박국은 어째서 불의를 보게 하시며 악을 그대로 보기만 하시는지, 하나님은 대체 어디에 계시는지 고뇌한다. 아담과 하와의 선악과 사건으로 말미암아 이 땅에 죄가 들어왔다. 그러니까 하박국도 이 땅이 악해진 것을 인정한다. 가인의 사건은 죄를 가중시키고 더 악한 시대를 도래하게 했다.

가인의 죄가 얼마나 악한지 아는가? 선악과를 먹은 아담은 하나님이 아담을 부르실 때 하나님의 소리를 듣고 두려워하여 숨었다. 죄를 짓고 두려워서 하나님의 얼굴을 피하는 것, 이것이 정상이다. 그러나 하나님께서 동생 아벨을 죽인 가인에게 아벨이 어디 있느냐고 물으시자 가인은 하나님을 피하지 않고 당당히 맞선다.

"내가 동생을 지키는 사람인가요? 당신이 지키시잖아요? 내가 아벨을 죽일 때 뭐하셨어요? 이제 아벨의 제사를 더 이상 받지 못하실 걸요."

이것은 굉장히 악한 것이다. 자식을 키우다보면 "넌 대체 누굴 닮아서 그러니?"라고 하는데 닮기는 누구를 닮았겠는가? 부모님이 아니다. 죄인이기 때문에 그렇다. 자식 잡지 말라. 스스로 너무 비관하지도 말라. 우리가 다 죄인이기 때문이다.

하박국은 이 땅에 악이 존재하는 것을 문제 삼는 것이 아니다. 악이 발동할 때 하나님은 어디 계셨느냐는 것이다. 왜 선악과를 따 먹는 하와의 손을 붙잡지 않으셨는지, 왜 아벨이 가인에게 맞아 죽기 전에 아벨을 살려내지 않으시고 그 이름의 뜻 그대로 허무하게 죽게 하셨느냐는 것이다.

"하나님, 어찌하여 이런 식으로 구원하지 않으십니까? 왜 하나님의 백성을 지켜주지 않으십니까?"

욥의 인생

하박국서는 욥기와 그 맥락을 같이한다. 욥은 의롭게 주님을 섬기며 열심히 살아갔다. 그런데 어느 날 갑자기 사탄의 시험으로 자식도 재산도 전부 잃고 말았다. 그러나 욥은 그 일로 범죄하지 않았다. 성경의 죄는 하나님 반대편에 선다는 뜻인데, 욥은 여전히 하나님 편에 서 있었다는 것이다.

욥이 일어나 겉옷을 찢고 머리털을 밀고 땅에 엎드려 예배하며 이르되 내가 모태에서 알몸으로 나왔사온즉 또한 알몸이 그리로 돌아가올지라 주신 이도 여호와시요 거두신 이도 여호와시오니 여호와의 이름이 찬송을 받으실지니이다 하고 이 모든 일에 욥이 범죄하지 아니하고 하나님을 향하여 원망하지 아니하니라 욥 1:20-22

대단하지 않은가? 자식 열 명을 한날한시에 모두 잃고 전 재산마저 한꺼번에 날아갔다. 한마디로 바닥을 친 것이다. 그런데 여기서 끝이 아니다. 욥 자신은 온몸에 부스럼이 나서 질그릇 조각으로 몸을 긁고 있었다. 이 모습을 본 욥의 아내가 열이 받아서 "그래도 하나님을 믿어? 하나님을 저주하고 죽어버려"라고 말했는데도 욥은 자신의 몸을 벅벅 긁으면서 "어리석은 여자 같으니라고. 하나님께 복을 받으면 화도 받지 않겠어?"라고 대답한다.

이해가 되는가? 성경에는 욥을 찾아온 세 친구들이 그를 못 알아봤을 정도라고 나온다. 어디 그뿐인가? 그들은 욥의 고통을 보고 꼬박 7일 동안 그와 함께 앉아 있으면서도 입을 열어 위로할 말을 찾을 수 없었다. 너무 심하게 당하면 위로조차 하기 어려운 법이다.

그런데 드디어 입을 연 욥의 말을 들어보라.

> 그 후에 욥이 입을 열어 자기의 생일을 저주하니라 욥이 입을 열어 이르되 내가 난 날이 멸망하였더라면, 사내아이를 배었다 하던 그 밤도 그러하였더라면, 그날이 캄캄하였더라면, 하나님이 위에서 돌아보지 않으셨더라면, 빛도 그날을 비추지 않았더라면, 어둠과 죽음의 그늘이 그날을 자기의 것이라 주장하였더라면, 구름이 그 위에 덮였더라면, 흑암이 그날을 덮었더라면, 그 밤이 캄캄한 어둠에 잠혔더라면, 해의 날 수와 달의 수에 들지 않았더라면, 욥 3:1-6

무슨 말인가? 자기 인생을 돌아볼 때 자신의 삶이 이해가 되지 않는 것이다. 더욱이 살아가는 일, 하루를 버티기가 끔찍한 것이다. 그래서 욥은 "차라리 태어나지 않았더라면, 아니 태어났더라도 그때 죽었더라면…" 이렇게 탄식하고 있다. 죽지 못해 사는 삶이 얼마나 끔찍하겠는가.

게다가 하나님은 아무 말씀도 하지 않으신다. 더욱이 그때부터 그의 친구들조차 차례로 죄 없이 망한 자가 없고 정직한 자는 끊어지지 않는데, 지금의 고난을 보니 욥에게 죄가 있으며 지금 그것을 그대로 거두고 있다고 욥을 정죄한다.

하박국 선지자의 호소는 마치 이런 상황의 욥을 대변하는 것 같다.

"하나님이 어디 계신가?"
"왜 나를 버려두시는가?"
"하나님은 왜 우리에게 이런 일을 겪게 하시는가?"
"이런 고난을 통해 하나님은 우리에게 무엇을 가르치시는가?"

아무 응답도 없고 이유도 모르는 채 살아가야 하는 인생은 정말 끔찍하다.

우리는 **보이는 대로 산다**

욥은 하나님께서 자신에게 왜 고난을 주셨는지 처음에는 몰랐다. 그러나 나중에는 이렇게 고백한다.

내가 주께 대하여 귀로 듣기만 하였사오나 이제는 눈으로 주를 뵈옵나이다 욥 42:5

그만큼 하나님을 더 많이 알게 된 것이다. 하박국의 고백 역시 마찬가지이다. 처음에는 하박국도 탄원과 탄식으로 시작했다. 하지만 자신의 질문에 응답하시는 하나님을 경험하면서 이제는 그분의 응답을 적극적으로 기다리고 바라보게 되었고 하나님과 대화하기 시작했다. 더 나아가 하나님을 찬양하게 되었다.

그러면 하박국은 왜 처음에 문제에 빠졌을까? 그 사람이 나누는 대화를 보면 그 사람의 생각을 알 수 있다. 그 사람의 말에 그 사람이 보는 것이 나온다. 사람은 자기가 생각하고 보는 것, 자기가 붙잡힌 것, 자기가 꽂힌 것이 밖으로 나오게 되어 있다.

하박국서 1장 1절부터 4절을 보라. 하박국이 본 것이 무엇인가? 강포, 죄악, 패역, 겁탈, 변론, 분쟁 등 지극히 세상의 문제만을 가지고 하나님을 본 것이다. 그런데 하박국서 3장을 보면 문제는 아무것도 해결되지 않았지만 하박국이 보는 것이 달라진 것을 알 수 있다. 바로 그의 말을 통해서다.

> 주 여호와는 나의 힘이시라 나의 발을 사슴과 같게 하사 나를 나의 높은 곳으로 다니게 하시리로다 합 3:19

하박국은 하나님을 보기 시작했다. 그래서 달라지기 시작한 것이다. 상황은 똑같다. 그렇지만 어디를 보느냐에 따라 달라진다.

내가 집회를 인도할 때 항상 하는 말이 있다.

"남편, 묵상하지 마세요. 소망이 없습니다. 자식, 묵상하지 마세요. 그냥 죽이고 싶어요. 그러지 말고 하나님을 묵상하세요. 하나님을…."

부모는 늘 자녀의 인생에 대한 염려와 걱정이 있다. 내 아들이 1,2년 막 살고 놀면 "어떻게 어떻게…" 하면서 발을 동동 구르고 아들의 일거수일투족에 천국과 지옥을 왔다 갔다 한다면 그 부모에게는 자식이 하나님인 것이다. 하나님이 안 보이는 것이다. 그 사람에게는 자식이 잘되고 세상이 살 만하면 그것으로 하나님이 살아 계신 것이다. 하나님이 살아 계시는 조건이 세상에 있고 그것 때문에 늘 흔들린다. 그러면 부모에게 믿음이 있다는 것은 무슨 말인가? 1,2년 놀아도 된다. 대가를 치르면 된다. 하나님이 돌리실 것이다. 하지만 하나님이 만들어 가실 것을 믿는 것이다.

나는 우리 아이들을 위해 이렇게 기도한다.

"하나님, 지금까지 저를 만드신 것만큼만 제 아이들을 인도하고 보호해주세요. 불교 집안에서 태어난 나, 아무것도 없는 나를 하나님이 지금까지 만드셨고 죄악 가운데 타락하지 않도록 보호하고 훈계하고 가르쳐서 인도해주셨듯이 제 아이들도 그렇게 인도해주세요."

하나님 쪽에 우리의 안정감을 두어야 한다. 그런데 하나님이 안 보이면 우리는 현재의 조건을 보게 되어 있다.

세상이 바라보는 **기독교**

우리가 어떤 인생의 길을 걸어가고 있는가? 우리에게 어떤 고백이 있는가? 하나님께 기도했더니 하나님이 그 기도에 응답해주시고 복을 주셨다면 잘한 일이고 감사한 일이다. 하지만 그것은 우리가 아직 신앙이 뭔지 모르는 것이다.

"하나님, 어찌하여 그렇습니까?"

이 질문이 나오지 않는다면 우리는 아직 신앙을 모른다. 하나님께서 우리가 이해하지 못하는 길로 우리를 인도해 가시는 경험, 하나님의 뜻에 충돌하여 "하나님, 어째서 내가 이런 일을 겪습니까?"라는 탄식이 나오는 경험을 통과해야 한다. 그리고 하나님을 보니까 하나님과 대화가 시작되고 하나님을 찬양하게 되는 이 과정을 넘어야 한다. 그렇지 않으면 신앙은 자라지 못한다. 많은 사람들의 신앙이 하나님을 따르는 자리가 아니라 자기 인생의 복을 누리는 자리에 머물러 있다.

여기에 하박국의 질문이 있다.

"그러면 하나님은 왜 이렇게 하시는가? 도대체 이유가 뭘까? 왜 이 과정을 끝까지 겪게 하실까?"

바로 이 세상 가운데 하나님이 어떻게 일하시는지 우리를 통해 나타내기 원하시기 때문이다.

한창 연예인들에게 성경을 가르치다가 사역이 바빠지면서 약간 잔꾀를 낸 적이 있다. 연예인 몇 분을 남포교회 박영선 목사님께 부탁한 것이다. 목사님이 한 달에 한 번씩 이분들을 가르쳐주시면 좋겠다고 하자 목사님도 흔쾌히 허락해주셨다. 그래서 한 달에 한 번씩 공부하기로 하고 이성미 집사님을 소개해드렸는데 그 자리에서 박 목사님이 내게 이렇게 말씀하셨다.

"김 목사도 나와야지."

아니 나는 지금 혹 떼러 갔는데 혹이 붙게 생긴 것이다.

"아 목사님, 저는 다른 목사들과 공부하고 있잖아요."

나는 이미 다른 목사님들과 함께 박 목사님과 성경을 공부하고 있었기 때문에 이 그룹에 참여하게 되리라고는 전혀 생각하지 못했다.

그러자 목사님이 말씀하셨다.

"김 목사, 행군을 하면 바로 앞사람만 쳐다보게 되어 있어. 바로 내 앞사람을 좇아가는 거야. 김 목사는 나를 봤고 이성미 집사는 김 목사를 보고 다른 연예인들은 이성미 집사를 보는 거야. 그 길을 가는 거야. 이들은 나를 보는 게 아니라 김 목사를 보는 거야. 그러니까 김 목사가 있어야 돼. 알았어?"

"네!"

우리 하나님은 아브라함과 이삭과 야곱의 하나님이시다. 그 믿음을 이어가는 것이다. 결국 나는 일정이 더 많아졌다.

우리는 하나님을 본다. 그러면 세상은 누구를 볼까? 세상은 우리를 본다. '기독교'는 추상적인 단어가 아니다. 바로 우리가 기독교다. 우리가 온전히 살면 기독교가 온전한 것이고 우리가 타락하면 기독교가 타락한 것이다. 우리의 가정과 직장에서 기독교는 바로 '나'다. 추상적이지 않다. 우리가 바르게 살면 세상 사람들은 기독교가 괜찮다고 말한다. 하지만 잘못 살면 기독교가 틀렸다고 말한다.

삶의 계시

내가 아는 사람 중에 기독교를 정말 싫어하는 사람이 있다. 이를 악물고 싫어한다. 왜냐하면 기독교인에게 사기를 당했기 때문이다. 그렇지 않은 기독교인들이 아무리 많아도 자신이 바로 옆에서 경험한 기독교인이 바로 기독교의 모든 것이 되는 것이다. 그가 우리를 통해 하나님을 보기 때문이다. 우리가 하나님을 바라보고 달려가는지 아닌지를 본다.

하나님께서 그런 우리의 인생 속에 하나님에 대해 쓰기 시작하신다. 하박국이 묵시로 받은 경고는 말씀이 아니라 '하박국의 삶'이다. 이스라엘 백성은 하나님을 보는 하박국을 본다. 이방인은 그 이스라엘 백성을 본다. 아직까지 해결되지 않은 문제 때문에 "하나님, 어찌하여 그렇습니까?"라고 부르짖어도 하나님을 붙잡고 살아가는 하박국, 그가 하나님과 대화하고 하나님을 찬양하는 것을 이스라엘 백성도 보고 하나님과 대화하고 하나님을 찬양하게 될 때 세상 사람들도 그들을 보면서 하나님을 보게 되는 것이다. 하나님은 우리 속에서 그 일을 시작하신다. 단순히 우리가 잘 먹고 잘 살고 좋은 차원이 아닌 우리의 인생을 통해 하나님을 드러내기로 작정하셨기 때문이다.

그것이 욥기이다. 하나님께서 욥처럼 온전하고 정직하여 하나님을 경외하며 악에서 떠난 자가 없다고 하자, 사탄은 욥이 까닭 없이 하나님을 경외하겠느냐고 하면서 하나님께서 욥과 욥의 집과 그의 모든 소유를 보호하시고 넘치게 복을 주셨기 때문이니 그것들을 다 거두신다면 욥은 더 이상 하나님을 경외하지 않을 것이라고 말한다.

"오케이! 다만 그의 몸에는 네 손을 대지 말라."

하나님께서 욥에게 자신의 자존심과 명예를 거셨다. 그런데 욥이 모든 것이 사라진 자신의 인생을 포기하고 저주하며 자결이라도 해 버린다면 어떻게 되는가? 그러면 하나님도 욥도 다 날아가는 것이다. 그렇지만 욥은 살았다. 자기의 생일을 저주하면서도 산다. 하루를 버티면서 산다. 친구들이 와서 죄를 인정하고 회개하라는 소리를 들어도 산다.

욥이 부단히 그렇게 살자 그의 인생을 통해 하나님을 보게 되는 일이 일어났다. 욥뿐만 아니라 욥의 친구들도 보고, 하나님을 알게 된다. 세상 사람들이 우리를 통해 하나님의 일하심이 뭔지 보게 되는 것과 같다. 그렇기 때문에 그 과정을 같이 겪어가는 것이다. 하나님이 안 계신 것 같은 과정을 그들도 보고 겪고 지나간다. 결국 우리를 통해 하나님의 계시가 드러나는 것이다.

내 몸에 **예수의 흔적**

이 후로는 누구든지 나를 괴롭게 하지 말라 내가 내 몸에 예수의 흔적을 지니고 있노라 갈 6:17

원어에는 "이 후로는 누구든지 나를 괴롭게 하지 말라" 다음에 '왜냐하면'이 나온다. 왜냐하면 내 몸에 예수의 흔적이 있기 때문이라고 한다. 예수의 '흔적'은 '스티그마'라는 단어에서 나온 것이다. 옛날 노예나 가축의 몸에 낙인을 찍어 누구의 소유인지 나타내는 상징적 표징이다.

그러면 사도 바울이 말한 그의 몸에 있는 예수의 흔적들은 구체적으로 무엇일까?

나는 우리가 약한 것같이 욕되게 말하노라 그러나 누가 무슨 일에 담대하면 어리석은 말이나마 나도 담대하리라 그들이 히브리인이냐 나도 그러하며 그들이 이스라엘인이냐 나도 그러하며 그들이 아브라함의 후손이냐 나도 그러하며 그들이 그리스도의 일꾼이냐 정신없는 말을 하거니와 나는 더욱 그러하도다 내가 수고를 넘치도록 하고 옥에 갇히기도 더 많이 하고 매도 수없이 맞고 여러 번 죽을 뻔하였으니 유대인들에게 사십에서 하나 감한 매를 다섯 번 맞았으며 세 번 태장으로 맞고 한 번 돌로 맞고 세 번 파선하고 일주야를 깊은 바다에서 지냈으며 여러 번 여행하면서 강의 위험과 강도의 위험과 동족의 위험과 이방인의 위험과 시내의 위험과 광야의 위험과 바다의 위험과 거짓 형제 중의 위험을 당하고 또 수고하며 애쓰고 여러 번 자지 못하고 주리며 목마르고 여러 번 굶고 춥고 헐벗었노라 이 외의 일은 고사하고 아직도 날마다 내 속에 눌리는 일이 있으니 곧 모든 교회를 위하여 염려하는 것이라 고후 11:21-28

이것이 사도 바울의 고백이다. 하나님이 바울에게 이 길을 살아가며 겪게 하시고 만들어 가신 것이다. 하나님이 어디 계신지 모르겠고 도무지 이해하지 못하면서도 그 길을 가는데, 하나님은 우리의 인생 가운데 하나님의 계시를 쓰신다. 그 몸에 예수의 흔적, 즉 낙인을 찍으면 아플 것이다. 그러나 그것을 통해서 우리 인생 속의 복과 은혜, 자랑과 평안만이 아닌, 살아 계신 하나님, 그분의 역사가 드러나게 되는 것이다.

둘로스선교회의 김치룡 목사는 미국에서 목회하다가 4년 반 만에 한국으로 돌아왔다. 미국에서 목회하면 평생 먹고살기에 편하고 영주권이 나오면 자녀들을 가르치는 데도 문제가 없다. 그런데 40대인 그가 남은 여생을 어떻게 하나님의 나라를 위해 달려갈 것인지 고민하던 끝에 배고프고 힘들어도 둘로스선교회에서 연합하여 사역할 것을 결단하고 아이들을 넷이나 데리고 돌아온 것이다.

한번은 내가 CTS에서 '4인4색' 창세기 강의 촬영을 마치고 난 뒤

같이 저녁 식사를 하는데 김치룡 목사가 이런 말을 했다.

"김남국 목사님 옆에 있으면 그래도 하나님과 더 가까워지지 않아요?"

처음에는 그 말을 흘려들었다. 그런데 집으로 돌아오는 길에 생각해보니 그 말이 정말 고마웠다. 그의 말은 그래도 내가 헛살지 않았다는 생각이 들게 해주었다. 오랫동안 나를 바라보며 같이 동역해온 후배가 내 옆에 있으면 하나님과 가까워진다고 하는 말은 내게 최고의 칭찬이었다.

나는 돌아오는 길에 이렇게 기도했다.

"하나님, 제 평생에 어떤 경우에도 제가 하나님을 바라보면 좋겠습니다. 그리고 제가 바라보는 하나님을 제 주위에 있는 사람들이 볼 수 있으면 좋겠습니다."

내가 왜 그 길을 가는지 나도 모르고 이해하지 못하는 길을 걸어왔고, 내가 왜 이런 일을 당하는지 모르면서 하루하루를 견디며 '이유가 있겠지. 다 이유가 있겠지' 하고 버티며 살았는데, 그런 인생을 통해서도 하나님을 드러낼 수 있는 기회를 주시는 것이 감사했다.

예수님도 **그렇게 사셨다!**

우리의 인생이 바로 그 길을 가는 것이다. "대체 왜?", "어째서?" 이렇게 반문할 수밖에 없는 우리의 인생에 그래도 소망이 있다. 그 길을 간 자만이 말할 수 있는 명예가 있다. 아프고 힘든 사람이 말할 때 권위가 있다.

예수님이 왜 우리에게 권위가 있으신가? 그분이 천상에서 신적(神的) 권위로 말씀하신 것이 아니라 하나님이시면서도 자기를 낮추시고 이 땅에 오셔서 죽기까지 순종하셨기 때문이다. 예수님은 말구유에서 나셨다. 나는 그 말구유도 매우 낮다고 생각했다. 그런데 성지순례를 다녀오면서 깜짝 놀란 사실이 있다. 예수님이 사셨던 집이 지하 동굴 같은 곳이었다. 그것이 예수님의 유년생활이었다.

'진짜 낮았구나. 그 밑으로 더 내려가셨구나. 이런 곳에서 사셨구나. 그리고 십자가를 지셨구나.'

예수님이 그렇게 사셨기 때문에 소망이 있는 것이다. 예수님은 우리의 아픔을 다 아신다. 그런데 순종하셨다. 그렇기 때문에 권위가 있으시다. 우리도 세상 속에서 그와 같아야 한다. 그것을 보여줘야 한다. 세상도 어째서 세상이 이런지 우리에게 말할 것이다. 우리도 그렇다. 하지만 우리는 미처 우리가 이해하지 못하더라도 그 길을 가는 사람들이다. 그 속에서 일하시는 하나님, 여전히 역사하시는 하나님을 바라보기 때문이다. 하나님께서 우리 속에 하나님의 역사를 쓰고 계시고 그렇기 때문에 우리는 꺾이지 않고 망하지 않고 끝이 아니라는 것을 보여주는 사람들이다.

"내게 어떻게 이런 일이 있습니까?"

그래도 우리는 하나님께 나아갈 수 있는 자격이 있는 사람들이다.

"하나님을 믿는데 왜 이런 일이 있습니까?"

그럼에도 불구하고 우리는 하나님을 믿고 따라갈 수 있다. 우리는 '거룩'으로 초청받은 자들이다. 하나님이 친히 우리 몸에 계시를 쓰신다. 우리의 인생을 통해서 누군가 하나님을 본다면 우리는 성공한 것이다. 그러기 위해서 우리가 하나님을 보아야 한다. 나를 쓰시는 하나님을 기대하며 그리스도의 향기로 편지로 살아가야 한다.

우리는 지금 어려운 시대를 지나가고 있다. 하나님은 그리스도인인 우리도 똑같은 어려움 속에 집어넣고 똑같이 겪게 하실 것이다. 그렇지만 우리는 다르다. 하나님이 우리를 끌어가신다는 것이 다르다.

가끔 퓰리처상을 수상한 사진들을 찾아서 볼 때가 있다. 젊었을 때는 나도 예쁜 사진이 좋았다. 아름다운 풍경 사진을 좋아했다. 그런데 그런 것은 "아름답다, 좋다"로 끝난다. 하지만 퓰리처상을 받은 사진들은 사람을 숙연하게 만든다. 아름다운 여자의 매끈한 손보다 뭉툭하고 주름진 노인의 기도하는 손을 보면 저절로 숙연해진다. 거기에는 세월과 역사와 메시지가 담긴 또 다른 아름다움이 있기 때문이다.

하나님도 우리를 그렇게 만들고 싶어 하신다. 숙연해지는 아름다움과 명예로움, 하나님나라의 역사를 내 인생에 쓰고 싶으신 것이다. 믿음으로 가는 그 길, 인생의 끝에 주님의 계시를 드러내는 인생, 수많은 하나님의 계시의 말씀으로 쓰임받는 인생이 되기 바란다.

Chapter 03
아직 더 보아야 한다

하박국 선지자가 하나님 앞에 기도한다.

"하나님, 어째서 이 나라는 불의합니까? 어째서 이런 일을 겪게 하시나요? 하나님이 살아 계신다면, 하나님이 이 민족을 선택하셨다면 어떻게 이런 일들이 벌어질 수 있습니까?"

그런데 사실 하박국의 기도는 우리의 고백과도 다름없다. 지금 이 고백을 우리도 하고 있다. 정말 심각하다. 하나님의 선민이고 하나님의 백성인 우리 가운데 뿌리 깊은 죄악이 자리하고 있다.

"하나님, 기독교인 중에서 대통령과 국회의원, 기업인들이 얼마나 많이 나왔습니까? 이 땅에 얼마나 많은 교회가 있습니까? 그런데도 어째서 이 땅은 불의합니까? 하나님, 제가 주님을 믿고 주님 앞에 고백하며 살아가고 있습니다. 주님이 살아 계신다는 것을 믿습니다.

그런데 어째서 우리에게 이런 상황이 벌어집니까?"

그렇다. 이것이 우리의 고백이다.

우리의 **실력과 수준**

그런데 하나님은 하박국의 기도에 다음과 같이 응답하신다.

여호와께서 이르시되 너희는 여러 나라를 보고 또 보고 놀라고 또 놀랄지어다 합 1:5

"어째서 나로 하여금 이것을 보게 하십니까?"라는 하박국의 물음에, 하나님은 다른 설명 없이 단지 이렇게 답하실 뿐이다.

"아직 덜 봤어. 더 봐야 해."

하나님은 왜 이렇게 말씀하시는 걸까? 사람은 자기 속에 있는 것이 밖으로 나오게 되어 있다. 우리가 요즘 무엇에 관심을 가지고 살아가는지는 우리가 자주 쓰는 말을 보면 안다. 기도도 마찬가지다. 기도에는 기도하는 사람의 소망과 꿈이 있다. 따라서 우리가 어떤 소망을 갖고 있는지는 우리의 기도를 들어보면 알 수 있다. 우리가 소망을 담아 하나님께 간구하기 때문이다.

우리의 기도에 소망이 담겨 있다면 우리의 입술에서 나오는 원망과 불평에는 우리의 실력과 수준이 고스란히 나온다. 사람이 어떨 때 원망하고 불평하는지 보라. 바로 자기 신앙, 자기 삶의 실력과 수준을 넘을 때 나온다.

내가 신학교에 다닐 때, 우리 학교 총장님 별명이 '영국에도 없는 신사'였다. 보통 운전을 하다가 갑자기 다른 차가 확 끼어들면 그 순간 그 사람의 수준이 나오는데, 한번은 총장님이 운전을 하는데 누군가 그 분의 차 앞으로 끼어들었던 모양이다. 그러자 그 분이 "어허, 급하신가 보지요?" 하며 웃어넘기셨다고 한다. 이것은 상당히 수준이 있는 것이다.

청년 시절, 한 친구가 여자친구를 사귀는데 그녀의 성격이 좋은지 안 좋은지 모르겠다고 고민을 털어놓았다. 그래서 내가 분별해주겠다고 하고 약속 장소를 정했다. 약속한 장소에서 만나 함께 목적지를 향해 가는데, 내가 일부러 길을 헤맸다. 한참을 그랬기 때문에 그녀가 참고 또 참는 것이 보였다. 이제 툭 건드리기만 해도 짜증이 폭발할 때쯤, 내가 결정적인 한마디를 했다.

"어? 아까 왔던 곳이잖아. 아이고, 내가 실수했네."

그리고 길을 되돌아갔다. 이쯤 되면 진짜 화를 낼 법한데 그녀가 차분히 이렇게 말했다.

"네. 여기 아까 온 것 같아요."

표정과 말을 보면 그 사람이 어떤 사람인지 알 수 있다. 그러니까 성품이 괜찮은 것이다.

내가 아직 **보지 못한 것**

하박국의 기도를 보면 그가 마음에 무엇을 품고 있었는지 알 수 있다. 그런데 하박국의 마음은 드러났지만, 하나님은 "더 봐야 된다"고 말씀하신다. 이것이 무슨 말인가? 아직 다 드러나지 않았다고 하시는 것이다. 하박국이 가진 불만은 드러났을지 모르지만, 하박국이 마땅히 보아야 할 것은 드러나지 않은 것이다. 그것이 도대체 무엇일까?

그렇다. 하박국은 하나님을, 하나님의 일하심을 보지 못하고 있다. 아니, 보고 있기는 한데 지극히 자기중심적이다. 사람이 자기중심적이 되면 자기 안에서만 해석하게 된다. 주변에 원망하고 불평하는 사람을 보라. 그를 자세히 보면 자신의 입장에서만 말한다. 사람들은 다 자기 입장에서 기준을 정한다. 그런 다음 "왜 이렇게 했어?"라고 불평하는 것이다. 그 정도밖에 생각을 못한다. 그다음을 보지 못한다. 자신이 정한 기준 아래에서만 본다.

나는 5년 만에 결혼 허락을 받고 한 달 반 만에 결혼했다. 그런데 급히 결혼을 준비하다보니 문제가 생겼다. 바로 집을 구하는 일 때문이다.

내가 하나님께 물었다.

"하나님, 집은 있어야 하지 않겠습니까?"

그리고 결혼할 때 꼭 필요한 것들을 말씀드렸다. 그때 하나님이 대답하셨다.

"남국아, 내가 네 기도를 들었고 다 응답해주겠다."

나는 하나님이 차례차례 하나씩 채워주시는 것을 경험했다. 그런데 결혼할 때 꼭 필요한 것이 10가지라고 한다면, 나머지 5가지에 대해서는 말씀이 없으셨다. 결혼식 날짜는 점점 다가오는데, 특히 집에 대해서는 아무 말씀이 없으신 게 아닌가.

신혼집을 구하기 위해 우리가 가진 돈은 600만 원뿐이었다. 아무리 20년 전이라고 해도 그 돈으로 집을 구하기는 어려워서 대출까지 받고 열심히 집을 구하러 다녔다. 그런데 사실 그 돈으로는 반지하밖에 얻을 수 없었다.

우리가 구하는 집의 조건은 단 하나였다. 학교에서 가장 먼 거리에 집을 얻는 것이다. 학교 근처에 집을 얻으면 가난한 신학생들이 매일 우리 집에 올 것은 뻔했다. 그래서 최대한 멀리 떨어진 곳, 다시 말해 우리 집에 오려면 결단이 필요할 만큼 먼 거리에 얻는 것이 목표였다. 물론 내가 조금 힘들겠지만 그래도 그 편이 더 낫다고 판단했기 때문이다. 그렇지만 가진 돈으로는 조건에 맞는 집을 구할 수가 없었고, 결국 학교 앞 근처에 집을 얻을 수밖에 없었다. 그 결과 석 달 동안 친구들이 매일 집에 다녀갔다.

생각해보니 반지하였지만 그래도 깨끗한 집이었다. 그 순간 나는 나의 어린 시절이 생각났다. 그 시절 나는 이사를 정말 많이 다녔다. 살던 집에서 쫓겨나기라도 하면 어머니는 단칸방을 구하기 위해 달동네를 헤매고 다니셨다. 혹여 다섯 식구가 비바람이라도 맞을까

노심초사하신 어머니였는데, 나는 그때 원망만 하고 있었다.

'왜 만날 이렇게 살아야 해? 또 이사해? 또 이삿짐 날라야 해?'

그런데 신혼집을 구하면서 '아, 우리 어머니가 참 힘드셨겠구나. 자식들 길거리에 나앉지 않게 하느라 고생하셨겠구나' 하는 생각이 들었다. 그때와 다른 것이 보이는 것이다. 그때는 나만 보고 있었다. 그러니까 원망과 불평이 나왔다.

하나님께서 바로 이 말씀을 하고 계신다.

"아직 덜 봤다."

여호와께서 이르시되 너희는 여러 나라를 보고 또 보고 놀라고 또 놀랄지어다 너희의 생전에 내가 한 가지 일을 행할 것이라 누가 너희에게 말할지라도 너희가 믿지 아니하리라 합 1:5

하나님이 우리 인생 가운데 한 가지 일을 하겠다고 말씀하신다. 그것은 누가 우리에게 말해줘도 믿지 못할 만한 그런 일인데, 하나님은 그 일을 보여주겠다고 하신다. 지금까지 하박국이 자기 시선으로 바라보았다면 이제는 하나님이 그에게 보여주고 싶어 하시는 것을 볼 수 있는 시선으로 넘어가게 하시는 것이다. 그것을 봐야 하나님이 보이고 하나님을 봐야 하나님이 일하시는 것이 보인다. 그래서 하나님은 하박국의 기도에 아직 덜 봤다고 응답하신 것이다.

네가 누군지 **몰라?**

여호와여 내가 부르짖어도 주께서 듣지 아니하시니 어느 때까지리이까 내가 강포로 말미암아 외쳐도 주께서 구원하지 아니하시나이다 어찌하여 내게 죄악을 보게 하시며 패역을 눈으로 보게 하시나이까 겁탈과 강포가 내 앞에 있고 변론과 분쟁이 일어났나이다 이러므로 율법이 해이하고 정의가 전혀 시행되지 못하오니 이는 악인이 의인을 에워쌌으므로 정의가 굽게 행하여짐이니이다 합 1:2-4

하박국이 다음과 같이 말하는 것이다.
"하나님, '내가' 부르짖어도 듣지 않으시고, '내가' 외쳐도 구원하지 않으시고, 어째서 '내게' 죄악과 패역을 보게 하시고, 어째서 '내' 앞에 겁탈과 강포가 있고 변론과 분쟁이 일어나게 하십니까? 그러니까 율법이 해이해지고 정의가 시행되지 못하고 악인이 득세하고 공의가 굽게 되는 것 아닙니까!"

하박국은 그 모든 원인을 하나님께 돌리고 있다. 그러나 하박국의 가장 큰 착각은 자신이 누구인지 모른다는 것이다. 감옥에 간 살인범이 "내가 왜 벌을 받아야 해?" 하는 것과 다르지 않다. 하박국, 그가 누구인가?

다음 질문에 먼저 답해보라.
"하나님, 왜 제게 이런 일이 일어나는 겁니까?"

우리가 누구인가? 우리가 누구이기에 하나님 앞에서 그토록 당당한가? 이런 질문을 할 수 있는 자격, 이런 질문에 대답을 들을 수 있는 자격이 우리에게 있는가? 자격이 없는 자는 그런 말을 해서는 안 된다.

그렇다면 이스라엘은 누구인가? 이스라엘은 자격이 있는가? 아니다. 하나님께서 종살이하던 그들을 은혜로 구원해주시고 가나안에 들어가 살게 해주셨다. 이스라엘에게 자격이 있어서가 아니라 그들이 하나님의 값없는 은혜와 긍휼을 입은 것이다. 그렇게 하나님이 은혜를 베풀어주셨는데 하박국은 자신에게 당연히 자격이 있다고 생각하는 것이다.

그러면 우리가 어떤 자인가? 우리는 원래 죄인이고 아무런 자격이 없다. 선악과를 먹은 인간은 죄 가운데 살아간다. 그러니까 우리는 원래 세상에서 강포와 죄악과 패역과 겁탈을 보고 살아가는 것이다. 이 세상은 죄악이 흘러간다. 가인이 아벨을 때려죽인 세상이다. 허무하고 공허한 세상이다. 의(義)나 선(善)이 옳게 대접받지 못하는 세상이다. 우리도 세상에서 그렇게 대접받는 것이 당연하다.

우리가 누구인지 정확히 확증해주는 말씀이 있다.

그러면 어떠하냐 우리는 나으냐 결코 아니라 유대인이나 헬라인이나 다 죄 아래에 있다고 우리가 이미 선언하였느니라 기록된 바 의인은 없나니 하나도 없으며 깨닫는 자도 없고 하나님을 찾는 자도 없고 다 치우쳐 함께 무익하게 되고 선을 행하는 자는 없나니 하나도 없도다 그들의 목구멍은 열린 무덤이요 그 혀로는 속임을 일삼으며 그 입술에는 독사의 독이 있고 그 입에는 저주와 악독이 가득하고 그 발은 피 흘리는 데 빠른지라 파멸과 고생이 그 길에 있어 평강의 길을 알지 못하였고 그들의 눈앞에 하나님을 두려워함이 없느니라 롬 3:9-18

양심에 손을 얹고 자신을 평가해보라. 이 말씀을 읽고 "아, 맞다"라는 고백이 나오지 않는다면 악독한 자이거나 마음이 무디어진 자이다. 이것이 솔직한 우리 모습이다. 이런 자에게 하나님이 은혜를 베푸셨는데 그것을 당연하게 여기고 자신에게 자격이 있다고 생각한다면 그것이야말로 자기가 누구인지 모르는 것이다.

그리스도인의 **착각**

예수 믿었더니 힘들고 예수 믿었더니 억울하다는 말은 어불성설(語不成說)이다. 본래 인생 자체가 힘든 것이다. 오히려 예수님 때문에 인생을 살아갈 소망이 생긴다. 우리는 더 살아봐야 한다. 그래야 예수님을 안다는 것이 무엇인지 알게 될 것이다.

하박국도 지금 자신을 모른다. 더 알아야 한다. '자신의 죄악'도 알아야 하고 '하나님의 크기'도 알아야 하고 '하나님의 행하심'도 알아야 한다. 그래야 자란다. 그래서 하나님이 더 보라고 하신다.

만일 하나님이 하박국의 뜻대로 다 응답해주셨다면 어떻게 되었을까? 하박국이 무엇을 구할 때마다 하나님께서 램프의 요정 지니처럼 펑 하고 나타나서 다 응답하셨다면, 과연 하박국이 진짜 하나님을 알고 더 성장하게 되었을까?

우리가 태어날 때부터 건강하고, 머리도 좋고, 좋은 학교에 가고, 부모님도 너무 좋으셔서 원하는 것은 뭐든 들어주시고, 좋은 배우자가 나타나 결혼도 하고, 예쁜 아기도 낳는 등 인생에서 우리가 원하는 대로 다 잘되고 행복하게 산다고 치자. 인생이 탄탄대로일 때, 우리가 하나님을 아는 크기는 어느 정도일까? 과연 클까?

우리가 살다가 사고를 당했다. 왜 이런 사고가 나게 하셨느냐고 하나님께 물어도 답이 없고 우리도 이해하지 못한다. 그럼 반대로 하나님께서 아무 사고도 나지 않게 하신 데 대한 감사와 감격은 얼마나 있는가? 아무 일도 생기지 않고 평안한데 감사가 넘치는가? 아무 사고 없이 무사히 예배드리러 나와서 감격하는가?

그렇지 않다는 것이다. 우리의 삶에 아무 문제가 없을 때 우리는 하나님에 대해서 무감각하다. 하나님이 계신 줄도 모른다. 하나님이 우리에게 이미 많은 것을 주셨음에도 불구하고 우리는 그것에 감사와 영광을 돌리기보다 그 외에 주시지 않은 것에 대해 불평과 원망하기 바쁘다.

하박국은 하나님을 착각하고 있다.

하나님의 **응답?**

그래서 하나님께서 지금부터 응답해주신다.

여호와께서 이르시되 너희는 여러 나라를 보고 또 보고 놀라고 또 놀랄지어다 너희의 생전에 내가 한 가지 일을 행할 것이라 누가 너희에게 말할지라도 너희가 믿지 아니하리라 합 1:5

놀라고 또 놀랄 만한 상황이 벌어질 것이다. 하나님께서 그들의 생전에 한 가지 일을 행하실 것인데 그것은 바로 유다의 멸망이다.

보라 내가 사납고 성급한 백성 곧 땅이 넓은 곳으로 다니며 자기의 소유가 아닌 거처들을 점령하는 갈대아 사람을 일으켰나니 합 1:6

그들은 갈대아 사람, 즉 바벨론이다.

그들은 두렵고 무서우며 당당함과 위엄이 자기들에게서 나오며 … 그들은 자기들의 힘을 자기들의 신으로 삼는 자들이라 이에 바람같이 급히 몰아 지나치게 행하여 범죄하리라 합 1:7,11

그들은 마인드가 무서운 사람들이다. 자기들의 힘을 신(神)으로 삼는 자들이다. 신앙이 있는 사람과 신앙이 없는 사람은 확연히 다르다. 종교가 있는 사람은 기본적으로 자비, 구제와 같은 인간을 향한 선(善)을 생각한다. 그러나 자기 자신을 힘과 권력으로 삼는 사람은 자기 말이 곧 법이라고 생각한다. 사람은 자신이 말하면서도 그것이 틀릴 수 있다고 생각해야 하는데, 이들은 그렇지가 않다. 오직 '힘', 세상과 자기 자신을 공의와 정의로 삼는다.

> 보라 내가 사납고 성급한 백성 곧 땅이 넓은 곳으로 다니며 자기의 소유가 아닌 거처들을 점령하는 갈대아 사람을 일으켰나니 … 그들의 군마는 표범보다 빠르고 저녁 이리보다 사나우며 그들의 마병은 먼 곳에서부터 빨리 달려오는 마병이라 마치 먹이를 움키려 하는 독수리의 날음과 같으니라 합 1:6,8

이 백성들은 사납고 성급하다. 이때 '성급하다'는 것은 성격이 급하다는 것이 아니라 "민첩하다"는 뜻이다. 또한 "그들의 군마는 표범보다 빠르고 저녁 이리보다 사납고, 그들의 마병은 마치 먹이를 움키려 하는 독수리와도 같다"는 표현은 도저히 그들을 피할 데가 없다는 것을 의미한다. 저녁 이리는 낮 이리와 다르다. 이리는 밤에 깨어나 움직이기 시작한다. 먹잇감을 찾아서 돌아다닌다. 독수리는 창공을 날아다니다가 먹잇감을 발견한 즉시 돌진한다. 그러니 그들이 얼마나 강한가. 얼마나 힘이 있는가.

왕들을 멸시하며 방백을 조소하며 모든 견고한 성들을 비웃고 흉벽을 쌓아 그것을 점령할 것이라 합 1:10

그들이 얼마나 강했으면 왕들과 방백을 멸시하고 조소하며 견고한 성들마저 비웃는가. 진짜 싸움꾼은 상대방이 덤벼도 같이 욕하거나 달려들지 않는다. 먼저 조소를 날린다. 이런 사람이 정말 무서운 사람이다.

바벨론은 이집트를 대파했고 예루살렘까지 함락했다. 그동안 1,2차 바벨론 포로로 끌어간 것도 모자라 최후에 유다를 멸망시킬 때 바벨론의 느부갓네살 왕은 유다의 마지막 왕 시드기야가 보는 앞에서 그의 아들들을 죽이고, 시드기야의 두 눈마저 뽑은 뒤 놋 사슬로 그를 결박해서 바벨론까지 끌고 갈 만큼 잔혹했다. 이렇게 잔인하고 사나운 나라가 바로 바벨론이다.

모두 빼앗기리라

그런데 이보다 더 무서운 것은 하나님께서 유다에게 행하실 일이다.

그들은 다 강포를 행하러 오는데 앞을 향하여 나아가며 사람을 사로잡아 모으기를 모래같이 많이 할 것이요 합 1:9

그들이 사람을 사로잡아 모으기를 '모래같이' 많이 한다고 한다. 창세기 22장을 보면 아브라함의 인생에서 가장 절정에 이른 장면, 즉 아브라함이 이삭을 하나님께 바치는 장면이 나온다. 그 후에 하나님께서 아브라함을 축복하신다.

내가 네게 큰 복을 주고 네 씨가 크게 번성하여 하늘의 별과 같고 바닷가의 모래와 같게 하리니 네 씨가 그 대적의 성문을 차지하리라 창 22:17

하나님은 "하늘의 별과 같고 바닷가의 모래와 같게" 아브라함의 씨가 크게 번성할 것이라고 축복하셨다.
이것은 창세기 32장에서도 동일하게 볼 수 있다.

주께서 말씀하시기를 내가 반드시 네게 은혜를 베풀어 네 씨로 바다의 셀 수 없는 모래와 같이 많게 하리라 하셨나이다 창 32:12

야곱이 얍복 강에서 하나님을 만나 '이스라엘'이라는 이름을 얻기 이전에 하나님께 기도한 것이다. '하늘의 별'과 '바닷가의 모래'는 이스라엘의 축복의 상징이다. 그런데 하나님께서 이번에는 모래와 같이 많은 사람들을 사로잡아 갈 것이라고 하신다. 주셨던 축복을 모두 **빼앗아** 가겠다고 하신 것이다. 심장이 떨리는 일이다.

하박국은 하나님께 어째서 이런 불의를 내가 보게 하시느냐고 물었는데, 하나님은 도리어 불의의 덩어리인 갈대아 사람들을 일으켜서 이스라엘의 불의를 치리하신다고 말씀하신다. 그럼 하나님은 왜 이런 방법을 쓰실까? 우리는 하나님의 의도를 알 필요가 있다.

하나님의 역사를 **경험하는 순간**

지금 이 순간에도 하나님은 일하고 계신다. 그러나 인간인 우리는 하나님이 어떤 방법으로 일하시는지 알 수 없다. 우리는 역사 속에 일하시는 하나님을 보고 있다. 시공간의 한계를 지닌 인간은 하나님께서 우리의 시간 속으로 들어오셔야 하나님의 일하심을 알 수 있다.

하나님은 지금도 우리의 모든 문제에 분명히 역사하실 수 있다. 그러나 단순히 힘과 능력만으로 역사하신다면 우리는 하나님을 두려워하게 된다. 하지만 하나님은 지금도 우리가 하나님을 알고 하나님과 함께하기를 원하신다. 그러면 어떨 때 하나님이 우리 가운데 역사하신다는 것을 확실히 나타낼 수 있는가? 바로 우리가 끔찍하고 말도 안 된다고 여기는 순간이다. 그럼에도 그것이 하나님 편에서는 아무것도 아님을 알게 되는 그 순간 말이다.

한번은 목요찬양 예배 때 마태복음 27장 아리마대 요셉이 예수님의 시체를 새 무덤에 넣어두고, 큰 돌을 굴려 무덤 문을 굳게 닫았다는 본문으로 설교했다. 우리가 인생을 살다보면 문이 굳게 닫힌 사건을 만나게 될 때가 있다. 그러나 그때 그 시간을 잘 살아야 한다. 버텨야 한다.

내 인생의 문이 가장 확실하게 막혔을 때, 그것이 주님을 드러내는 확실한 증거가 될 수 있다. 큰 돌로 문을 확실히 막지 않았더라면 예수님이 부활하신 것을 거짓이라 여겼을지 모른다. 주님이 그 꽉 막힌 무덤 문을 박차고 나오실 때 하나님의 영광이 드러났다. 내 인생이 꽉 막혔기 때문에 오직 하나님만이 역사해주셨다는 것을 나도 알고 세상도 알게 되는 것이다.

청년 시절의 내 삶은 사방이 막혀 하늘밖에 볼 수 없었다. 신앙이 좋아서가 아니다. 하늘마저 보지 않았다면 나에게는 죽음밖에 답이 없었다. 그런데 그 순간 하나님이 보이니까 버틸 수 있었다. 사방이 막혔기 때문에 그때부터 하나님의 역사하심을 알게 된 것이다.

우리의 인생 가운데 하나님의 역사를 가장 확실하게 드러낸 증거가 있는가? 그 순간 이 모든 것을 하나님이 하셨다고 인정할 수밖에 없었던 사건 말이다. 우리는 하나님의 일하심을 경험할 때 하나님이 어떤 분인지 알게 된다. 하나님은 우리의 시간 속에 그것을 만들어 가신다. 우리는 그 시간을 산다.

이스라엘 백성이 가장 영광스러웠던 때는 출애굽 할 당시였다. 하나님은 열 가지 재앙으로 강대국 애굽을 폭풍우처럼 몰아치셨고, 홍해를 갈라 이스라엘 백성들을 구출해내셨고, 반석을 깨뜨려서 물이 나오게 하셨다. 살아 계신 하나님이 느껴지는 장면이다.

 그러면 하나님이 더 무서울 때가 언제인지 아는가? 바로 이스라엘 백성, 자신의 자녀들을 다른 나라 원수들의 손에 넘기실 때다. 하나님은 요셉이 팔려가는데도 그냥 내버려두신다. 자신의 백성이 하나님이 없는 것 같은 치욕을 당할 때 하나님도 그 치욕을 같이 당하신다. 하나님이 왜 그렇게 하실까? 하나님은 그것이 끝이 아님을 능히 보일 수 있으신 분이기 때문이다.

내 삶은 **주의 역사가 되고**

 한번은 청년들에게 설교하기 직전 하나님께서 내 마음에 감동을 부어주셨다.

> 내게로부터 눈을 들어
> 주를 보기 시작할 때
> 주의 일을 보겠네
> 내 작은 마음 돌이키사
> 하늘의 꿈 꾸게 하네
> 주님을 볼 때
> 모든 시선을 주님께 드리고
> 살아 계신 하나님을 느낄 때

내 삶은 주의 역사가 되고
하나님이 일하시기 시작하네
_〈시선〉 중에서

그리고 이 찬양을 부르는데 나의 청년 시절을 생각나게 하셨다. 그 시절에 나는 하나님께 이렇게 기도했다.
"하나님, 제가 뭘 하든지 어떻게 되든지 괜찮습니다. 그런데 한 가지 소망이 있습니다. 제가 어떤 일을 하더라도 제 삶이 하나님의 역사였으면 좋겠습니다. 하나님의 역사 가운데 제가 있었으면 좋겠습니다. 그저 먹고살기 바쁘고 내 것만 주장하며 사는 인생이 아니라 제 삶이 온전히 주님의 역사였으면 좋겠습니다."
하박국의 시선은 아직 하나님이 아닌 하박국 자신에게 있다.
그때 하나님이 말씀하신다.
"더 보게 될 것이다."
하박국이 놀란다.
"어떻게 이런 일이 더 있습니까?"
그러자 하나님이 다시 말씀하신다.
"그것보다 더 큰일도 일어날 것이다."
하나님이 일하실 때 그 정도는 아무것도 아니다. 악으로 악을 징계할 수 있는가? 하나님은 하실 수 있다. 하나님이 일하시는 것이다. 그때 우리의 시간 속에 들어와 일하시는 하나님의 역사와 크기가 보이기 시작하는 것이다. 그런데 하박국은 아직 하나님을 보지 못하고 있다. 자신 안에서 일하시는 하나님을 놓치고 있다. 그래서 하나님이 하박국에게 하나님을 보이시기 위해 그 과정을 걷게 하셨다.

한 걸음 더 **가보라**

우리가 인생을 살다보면 이해하지 못하는 길을 걸을 때가 있다. 그때 "왜 내게 이런 일을 겪게 하십니까?" 하며 그 상황에만 시선을 고정하지 말라. 하나님은 그럴 때에도 여전히 일하신다. 이스라엘이 망해가는 것 같아 보이는가? 그래도 이스라엘은 망하지 않았고, 예수 그리스도가 오셨고, 십자가를 지심으로 승리하셨다.

하나님을 보지 못하고 하나님의 일하심을 보지 못하는 사람에게 하나님이 어떻게 하시는가? 자기 것만 바라보는 우물 안 개구리는 하나님의 말씀을 들어도 이해하지 못한다. 따라서 먼저 그의 시야를 넓혀주어야 한다. 그래서 하나님은 그에게 다른 것을 보여주신다. 놀랄 일을 보이신다. 하나님은 그 사람에게 하나님을 보도록 일하기 시작하신다.

내 인생에도 수많은 절벽이 있었다. 그러나 나는 그 자리에서 하나님의 은혜를 맛보았다. 내 인생의 고난이 하나님을 따르는 헌신을 만들어냈다. 거기서 하나님의 영광을 보는 기회를 얻었다. 아직도 어려움에 낙담하는가? 하나님을 보지 않고 자신의 시선으로 보니까 낙담하게 되는 것이다.

　우리의 시간 속에서 일하시는 하나님을 바라보라. 그분을 보면서 하나님이 우리에게 주신 시간 속에서 우리도 성실과 책임을 다해 한 걸음씩 걸어가야 한다. 주님이 그 일을 통해 무엇을 하실는지, 그리고 우리가 어떤 영광을 하나님께 돌리게 될지 한 걸음 더 가보면 보이기 시작할 것이다. 그렇게 한 걸음씩 주님을 따를 때 우리의 삶도 주님의 역사가 되는 인생이 될 것을 확신한다.

Chapter 04
하나님을 경청하라

　흔히 우리는 이런 오해를 한다. 하나님이 우리 인생 속에 이미 모든 것을 다 예정해놓으셨기 때문에 우리는 아무것도 안 해도 되지 않을까 하는 착각이다. 그러나 하나님이 예정하셨다는 것은 우리가 살아가면서 겪는 모든 일들보다 하나님의 작정하심, 하나님의 인도하심이 크다는 의미이다. 다른 어떤 것에도 요동하지 않고 인간의 삶을 이루어 가실 수 있을 만큼 하나님의 주권이 강력하다는 것이다. 흐르는 강의 물줄기를 바꿀 수 없고 그 물이 바다로 흘러간다는 것이 변함이 없듯이 말이다.
　우리가 사이다와 콜라 중에 뭘 마실까 고민하다가 콜라를 먹었다고 해서 콜라를 마신 것이 내 결정이 아니라 하나님이 하신 거라 말해서는 안 된다. 우리가 콜라를 마시든 사이다를 마시든 하나님은 그것까지 예정하지는 않으셨다. 그러나 그것은 상관이 없다. 우리를 이끌어 가시는 하나님의 주권과 능력은 인간에 의해 좌우되지 않는다는 것이 바로 예정이다.

나의 시선 vs **하나님의 시선**

결국 신앙은 우리가 어느 쪽을 바라보느냐에 따라 달라진다. 청년 시절 내가 가장 어려웠던 것이 이것이다. 내 신앙 상태가 좋을 때는 고난이 닥쳤을 때 하나님께서 왜 이런 어려움을 주시는지에 대해 이해가 되지 않더라도 하나님이 이렇게 하시는 데는 다 이유가 있을 거라고 생각했다. 하나님을 바라보기 때문이다.

'하나님이 자기 자녀를 일부러 어렵게 만들지는 않지. 그래, 완전하시고 실수가 없으신 분이니까. 지금은 내가 깨닫지 못해도 다 이유가 있겠지.'

그런데 내 신앙 상태가 좋지 못하면 다시 이런 생각이 들었다.

'하나님은 왜 나한테만 이러시지?'

이 경우 반드시 시험에 들었다. 주일 예배도 빠지고 주어진 봉사도 제대로 감당하지 않고 편하게 신앙생활 하는 자들에게는 아무 일도 일어나지 않는데, 하나님 앞에 열심히 예배드리는 나는 왜 이렇게 문제투성이인가 싶은 생각이 들었기 때문이다.

"공의로우신 하나님이 어떻게 이러실 수 있어요? 말이 안 되잖아요, 하나님."

하나님이 원망스러웠다. 그런데 이렇게 나의 시선으로만 보다가 다시 하나님의 시선으로 보게 되면 '지금 이해되지 않더라도 하나님 앞에 예배드리러 나온 것이 내 복이지'라고 생각을 돌이키게 되었다. 이처럼 나의 시선으로 볼 때와 하나님의 시선으로 볼 때의 싸움이 계속 반복되는 것, 이것이 우리 신앙의 모습이다.

아이를 키우다보면 병원 예방접종을 하러 가는 일이 많다. 그런데 주사를 맞으러 간다고 하면 아이들이 가장 먼저 이런 질문을 한다.

"왜 주사를 맞아?"

"주사는 반드시 맞아야 해. 그래야 네가 건강하게 살 수 있어."

그런데 엄마가 대답을 해도 아이는 여전히 "왜?" 하고 묻는다. 그러면 알아듣게 설명을 다시 해준다. 그런데도 아이가 "왜?"라고 묻는 상황이 반복된다. 이때 아이가 "왜?"라고 재차 묻는 것은 주사를 맞기 싫다는 의미이다.

우리가 인생을 살아가면서 하나님께 어떤 질문을 하는가? 하나는 자신에게 왜 이런 어려움을 주셨는지 하나님의 뜻을 묻는 질문을 한다. 다른 하나는 하나님께 그 뜻을 알려달라고 구하는 것이 아니라 단지 지금 겪는 상황이 싫기 때문에 질문을 하기도 한다는 것이다. 그런데 우리가 하나님 앞에 하는 질문은 대부분 후자에 해당한다.

우리는 하나님의 설명을 듣고 싶은 것이 아니다. 그저 지금 당하는 어려움이 싫은 것이다. 다시 말해 하나님 쪽에 관심이 없는 것이다. "하나님이 계신다면 저를 이 상황에서 벗어나게 해주세요!"라고 말하는 것과 하등 다르지 않다.

하나님의 뜻이 뭔지 알면 하나님을 신뢰함으로 따르겠다는 마음을 가진 것이 아니다. 자신이 원하는 것을 붙잡고 싶고 자신이 피하고 싶은 것이 사라지기만 바랄 뿐, 그렇게 되도록 역사해주지 않으신다면 그런 하나님은 없고 거기에 하나님의 뜻도 없다고 여기는 것이 우리의 실제적인 문제라는 것이다.

하나님께 **집중하라**

하나님은 우리를 먼저 하나님 쪽으로 이끄는 작업을 하신다. 자신에게만 관심이 있는 사람에게 아무리 하나님의 뜻을 설명해봤자 듣지 않는다. 우리가 하나님을 바라봐야만 그때부터 대화가 가능해지기 때문이다. 지금 하나님은 하박국과 이 싸움을 하신다. 하박국이 더 넓은 시선으로 볼 수 있도록 만드시는 것이다.

여호와께서 이르시되 너희는 여러 나라를 보고 또 보고 놀라고 또 놀랄지어다 너희의 생전에 내가 한 가지 일을 행할 것이라 누가 너희에게 말할지라도 너희가 믿지 아니하리라 보라 내가 사납고 성급한 백성 곧 땅이 넓은 곳으로 다니며 자기의 소유가 아닌 거처들을 점령하는 갈대아 사람을 일으켰나니 합 1:5,6

하나님은 "왜요, 하나님?"이라고 묻는 하박국에게 대답하시기 전에 그의 시야를 확 넓히시는 작업을 하셨다. 그동안 하박국이 이스라엘과 그들의 불의만을 보고 그것을 이해하지 못했다면, 이제부터는 하나님이 일으키시는 사납고 성급한 백성, 갈대아 사람을 보게 하시는 것이다. 더 놀라고 놀랄 일들, 그가 이해하지 못할 방법으로 일하시는 하나님을 보고 정신을 차려 그 모든 것을 주관하시는 하나님을 바라보게 하신다.

그러자 이번에는 하박국이 다시 질문한다.

선지자가 이르되 여호와 나의 하나님, 나의 거룩한 이시여 주께서는 만세 전부터 계시지 아니하시니이까 우리가 사망에 이르지 아니하리이다 여호와여 주께서 심판하기 위하여 그들을 두셨나이다 반석이시여 주께서 경계하기 위하여 그들을 세우셨나이다 합 1:12

하박국은 "여호와 나의 하나님, 나의 거룩한 이시여"라고 하나님께 부르짖는다. 이제야 하나님께로 시선을 집중시키기 시작했다. 그러나 여전히 갈등한다. 왜냐하면 하나님이 일하시는 방법이 하박국으로서는 이해가 되지 않아 자신의 안목과 신앙에 충돌이 일어나기 때문이다.

하나님이 **침묵하실 때**

아이들이 간절해지면 아빠를 어떻게 부르는가? 하나님께서 갈대아 사람을 일으켜서 하실 일들을 말씀하시자 당황한 하박국 역시 "나의 하나님, 만세 전부터 계시고, 영원하시고, 거룩하시고, 반석이신 하나님"이라고, 하나님이 어떤 분인지 거듭 강조하고 집중하여 부르짖는다.

하박국은 자신이 아는 하나님이 어떤 분인지 재차 강조한다.

주께서는 눈이 정결하시므로 악을 차마 보지 못하시며 패역을 차마 보지 못하시거늘 어찌하여 거짓된 자들을 방관하시며 악인이 자기보다 의로운 사람을 삼키는데도 잠잠하시나이까 합 1:13

청년 때 내가 욥기를 보면서 동감했던 말씀이 있다.

그런데 내가 앞으로 가도 그가 아니 계시고 뒤로 가도 보이지 아니하며 그가 왼쪽에서 일하시나 내가 만날 수 없고 그가 오른쪽으로 돌이키시나 뵈올 수 없구나 욥 23:8,9

욥이 얼마나 답답했을까. 그는 하나님을 찾아도 찾을 수 없고 어디에서도 하나님을 만날 수 없다고 고백한다. 나의 청년 시절 신앙은 '생존의 신앙'이었다. 사방이 막혀 하늘밖에 쳐다볼 수 없었다.

20대를 고스란히 통과할 만큼 그 시간이 참으로 오래 걸렸다.

하나님을 예배할 때에는 하나님이 계시고 역사하시는 것 같다가도 나의 상황과 형편은 하나도 변하지 않는 그 시간 동안, 하나님은 그렇게 오래 침묵하셨다. 하나님이 오래 침묵하실 때 기도하는 사람은 그만큼 괴롭다. 답답하고 힘들다.

하박국도 지금 그 상황이다. 그래서 하나님께 항의했다.

"하나님, 어째서 그들이 의로운 하나님의 백성을 삼키는데도 잠잠하십니까?"

하나님의 기준인가?

여기서도 하박국의 신앙이 드러난다. 어떤 사람이 의로운가? 하나님이 보시기에 하나님 앞에서 예배하고 기도하는 자가 악하게 살아가는 것이 더 악할까, 하나님을 모르는 자가 악하게 살아가는 것이 더 악할까? 하나님의 은혜를 맛본 이스라엘 백성이 불의한 것이 더 악할까, 하나님의 은혜를 모르는 바벨론의 불의가 더 악할까?

그러나 생각해보라. 우리가 의로워서 구원받았다고 생각하는가? 우리가 스스로 의인이라고 말할 자격이 있는가? 이스라엘이 의로운 백성을 자처할 수 있는가? 어째서 악인이 하나님의 의인을 심판하느냐고 당당히 말할 수 있는가? 우리가 보는 악이 무엇인가? 우리가 악하게 생각하는 사람이 과연 더 악한 사람일까?

나는 둘로스선교회의 대표다. 언젠가 내부적으로 치리(治理)할 일이 생겼는데 한 사람이 내게 이렇게 항의했다.

"예전에 더 큰 죄를 지었던 사람은 그냥 두셨으면서, 이번의 경우에는 그때보다 죄가 가벼운 것 같은데 왜 치리하시나요?"

그래서 내가 말했다.

"네 눈에 크게 보이면 죄가 크고, 네 눈에 작게 보이면 죄가 작은 거니? 그 죄가 큰지 작은지 누가 판단하는 거니?"

우리는 자신의 안목으로 본다. 그러나 자신이 결정한 '의'와 '악'이 과연 바른가? 우리는 판단할 수 없다. 오직 하나님의 결정만이 바르고 옳다. 그런데도 우리가 이렇게 하나님께 덤비고 있다.

치리가 어떻게 이루어지는지 아는가? 내가 오른손을 전혀 쓰지 못하게 되었다고 하자. 오른손을 쓸 수 없다고 해서 그 손을 잘라버리겠는가? 오른손을 못 쓰더라도 몸에 다른 아무 지장을 주지 않는다면 그냥 두는 것이다. 반면에 왼손에 작은 암이 생겼다. 그것이 아무리 작아도 암이 확실하다면 그때는 크기가 문제가 아니다. 그 몸에 해(害)가 되면 잘라내는 것이다.

그 죄가 좀 커도 개인적인 죄라면 덮고 같이 갈 수 있다. 이끌어 가야 하기 때문이다. 그러나 그 죄가 공동체의 암적인 요소가 된다면 반드시 제거해야 한다. 기준이 다르다. 설령 내가 20년간 동고동락하며 세워온 제자라 할지라도 한순간에 그가 이단에 빠지면 나는 그를 제명해야 한다.

하나님의 기준과 우리의 기준은 다르다. 우리는 항상 자기 기준으로 본다. 하박국도 자신의 기준과 시야에서 보았기 때문에 "어떻게 하나님이 방관하십니까? 하나님은 그런 분이 아니지 않습니까?"라며 항의하는 것이다. 그러나 하박국이 착각하는 것이 있다. 그는 하나님을 모른다. 하나님이 일을 그렇게 하신다면, 왜 그렇게 하시는지 하나님 편에서 생각해봐야 한다. 하박국은 그러지 못하고 여전히 자기 편에서만 이야기하고 있다.

왜? 어째서?

주께서 어찌하여 사람을 바다의 고기 같게 하시며 다스리는 자 없는 벌레 같게 하시나이까 그가 낚시로 모두 낚으며 그물로 잡으며 투망으로 모으고 그리고는 기뻐하고 즐거워하여 그물에 제사하며 투망 앞에 분향하오니 이는 그것을 힘입어 소득이 풍부하고 먹을 것이 풍성하게 됨이니이다 합 1:14-16

하박국은 계속해서 항의성 질문을 한다.
"하나님은 의로우신 분인데 왜 악한 자를 들어서 의로운 자를 심판하십니까?"
그런 다음 네 가지 이유를 들어 지금 하나님이 쓰신다고 하는 악인이 어떤 자들인지 반박한다.

첫째, 그들은 낚시로 모두 낚으며 그물로 잡으며 투망으로 모으는 자들이다. 그들은 낚시로 그물로 투망으로 싹쓸이한다. 하나도 남김없이 진멸하는 자들이니 어떻게 무섭지 않겠는가.

둘째, 그들은 진멸하고도 기뻐하고 즐거워하는 자들이다. 보통 죄를 지으면 양심에 가책을 느끼는데, 그들은 오히려 죄를 짓고 즐거워한다. 누군가에게 화를 내고 집에 돌아오면 마음이 불편한 것이 정상인데, 아직 못다 한 말이 생각나는 그런 사람들이다.

셋째, 그물에 제사하며 투망 앞에 분향하는 자들이다. 다시 말해 우상숭배를 한다는 것이다. 하나님께서 바벨론에 힘을 주셔도 그들은 그것을 기뻐하기는 해도 그것을 주신 하나님께 예배하지 않는 자들이다.

넷째, 그 덕분에 그들은 소득이 풍부하고 먹을 것이 풍성하게 되었다. 그들은 자신의 노력으로 풍성히 사는 것이 아니라 다른 나라를 갈취하여 부유하게 산다.

하박국은 이런 그들은 그냥 둔 채 어째서 그들을 통해 의인들을 징계하시는지 하나님께 항의한다. 결정적으로 그는 하나님의 방법을 제한하고 있다. '이스라엘은 하나님께 선택받은 백성인데, 우리가 잘못을 했으면 그럴 만한 자격이 있는 자들이 우리를 심판해야 하는 것이 아닌가?'라고 생각한다. 어떻게 우리보다 더 악한 자를 통해 징계할 수 있느냐고 감히 묻는 것이다. 하나님 앞에서 벌을 받는데도 자격을 운운하고 있다.

징계를 받는 **태도**

한 성도가 겪은 일이다. 지인(知人)의 집을 방문하고 나와 보니 자신의 자가용 앞에 주차해놓은 차 때문에 오도 가도 못하게 되었다. 그가 아무리 차주(車主)에게 전화를 하고 문자를 보내도 40분이 넘도록 연락이 닿지 않았다. 결국 그는 차를 견인하겠다고 문자를 보냈다. 그러자 얼마 안 되어 헐레벌떡 차주가 뛰어나왔다고 한다.

처음에는 거듭 죄송하다고 말하던 차주는, 그 성도가 왜 늦게 나왔느냐고 몇 번 따져 묻자 "그래서 어떻게 하라고요?" 하며 도리어 화를 냈다. 이런 상황이라면 "잘못했다고 했잖아. 그런데 대체 왜 그래?"라고 나오는 것과 다르지 않다. 그것이 잘못한 사람인가? 만약에 차주가 자신의 잘못을 정말 안다면 입을 다물어야 한다. 그것이 잘못한 사람의 마땅한 태도다.

우리는 잘못에 대한 대가를 치를 생각을 안 한다. 잘못했다고 말만 할 뿐이다. 그 기준이 자신에게 있기 때문이다. 주일예배 한 번 빠지는 것, 다른 사람에게 악한 말 한 번 한 것이 어떤 죄인지 아는가? 처음에는 양심의 가책을 받는다.

그런데 잠시 후 하나님께 이렇게 묻는다.

"하나님, 저는 죄인인데, 한 번은 그럴 수 있잖아요?"

그렇다. 한 번은 잘못할 수 있다. 그러나 그 죄를 판단하시는 재판관은 하나님 한 분뿐이다. 그분의 눈은 정확하다. 그렇기 때문에 하나님께서 징계하신다면 그것이 정확한 것이다. 자신이 보기에 아무리 작은 죄 같아도 "하나님, 저는 요만큼 잘못했는데 어떻게 이렇게 징계하십니까?"라고 감히 말할 수 없다. 그것은 자기 죄의 정도를 판단하는 근거와 징계의 방법까지 자기 편에서 생각하는 잘못된 마인드다.

하나님께서 우리에게 부어주신 은혜가 얼마나 큰가! 그런데 값없는 은혜를 받은 우리가 의인과 악인을 구분하고 우리 죄는 아주 작다고 말한다. 그리고 하나님이 하신 일에 대해서는 "어떻게 이렇게 하실 수 있어요?"라고 주님을 원망한다. 하박국은 하나님을 보기 시작했지만 아직 하나님이 하시는 큰일은 보지 못하고 있다. 하나님이 어떤 분인지 모르는 것이다.

기다리고 바라보고 **기대하라!**

우리가 알거니와 하나님을 사랑하는 자 곧 그의 뜻대로 부르심을 입은 자들에게는 모든 것이 합력하여 선을 이루느니라 롬 8:28

모든 것이 합력(合力)하여 선(善)을 이룬다는 것은, 하나님이 선과

악을 합하여 선을 만든다는 그런 뜻이 아니다. 하나님은 우리가 살아가면서 저지르는 잘못을 비롯하여 모든 악한 것들까지 선으로 바꾸실 수 있는 분이다. 하나님만이 하실 수 있다. 하나님은 죄의 나락으로 떨어져 아무런 가능성도 없는 우리를 바꾸셔서 하나님의 사람으로 만드실 수 있는 분이다. 죽음의 십자가를 부활로 바꾸시는 분, 모든 것을 역전시킬 수 있는 분이 바로 우리 하나님이시다.

그런데 하박국은 그런 하나님의 실력과 크기를 모른다. 하나님께서 역사의 주관자 되심을 모르고 하나님을 제한한다. 하박국이 두려워 떠는 것은 바벨론이 이스라엘을 멸망시킬 수 있을 만큼 강력하고 사나운 족속이라는 점이다. 그러나 하나님이 그 바벨론을 통해서 이스라엘을 완전히 멸망시킬 수도 있지만, 하나님의 뜻대로 또 얼마든지 바꾸실 수 있는 분이라는 것을 그는 모르는 것이다.

그 하박국의 시선이 마침내 바뀌었다.

내가 내 파수하는 곳에 서며 성루에 서리라 그가 내게 무엇이라 말씀하실는지 기다리고 바라보며 나의 질문에 대하여 어떻게 대답하실는지 보리라 하였더니 합 2:1

이것은 하박국이 파수하는 곳으로 가서 진짜 성루에 서서 본다는 의미일 수도 있지만 다르게 표현되기도 한다.

인자야 내가 너를 이스라엘 족속의 파수꾼으로 세웠으니 너는 내 입의 말을 듣고 나를 대신하여 그들을 깨우치라 겔 3:17

하나님은 "내가 너를 이스라엘 족속의 '파수꾼'으로 세웠다"고 하셨다. 여기에서 파수꾼은 '선지자'를 가리키기도 한다. 다시 말해 선지자는 이스라엘 백성을 깨우는 자, 가장 먼저 하나님의 말씀을 듣고 그들을 깨우는 자라는 것이다.

따라서 하박국서 2장 1절의 "내가 내 파수하는 곳에 서며", 이것은 선지자 하박국이 드디어 하나님 앞에 섰다는 의미가 된다. 하나님 앞에서 한탄만 하던 그가 드디어 바뀌기 시작한 것이다.

침묵하라, **경청하라**

멕시코에 갔을 때였다. 내가 하람이에게 물었다.

"리포트 언제 쓸 거야?"

곧 시험 기간이라는 것을 알고 있었기 때문에 멕시코에 있는 동안 시간이 있을 때 리포트를 쓰는 게 어떨까 싶어서 물은 것이다. 그런데 돌아온 대답은 이랬다.

"한국에 가서 써요."

"하람아, 어디서 쓰냐고 물은 게 아니라 언제 쓰냐고 물은 거야. 아빠 말을 경청해줄래?"

우리가 하나님께 기도할 때 이렇게 한다. 하나님께 집중하는 것이 아니라 자기 말만 하기에 바쁘다. 하나님께 물어놓고도 도통 하나님의 말씀을 들으려고 하지 않는다. 아예 하나님이 말씀하실 틈이 없다. 계속해서 징징댄다. 하지만 이제는 그 입 좀 다물고 하나님이 하시는 일을 보라는 것이다. 왜 내가 이런 일을 겪는지, 왜 이렇게 살아가는지, 하나님은 왜 내가 이해하지 못할 일들을 하시는지, 하나님이 자신에게 하시는 말씀을 좀 들어보라는 것이다.

하나님이 운행하시는 방법은 우리의 생각과 다르다. 우리가 말도 되지 않는다고 하는 일도, 하나님은 말이 되게 하시는 분이다. 요셉은 애굽으로 팔려가고 보디발의 집에서 종살이하다가 감옥살이까지 했다. 그러나 하나님은 이런 상황을 단번에 역전시키셨다. 하나님만이 우리의 인생을 바꾸실 수 있다. 그런데 우리는 고난을 죽기보다 싫어한다. 버티고 또 버틴다. 하나님의 뜻을 따라가지 못한다. 그러다보니 매번 제자리 인생인 것이다.

하나님은 바로가 이스라엘 여인들이 낳는 아들을 모조리 죽이는 상황에서도 모세를 만들어내셨고, 엘리같이 무지한 자를 통해서도 사무엘을 만드셨다. 하나님은 우리가 도무지 이해하지 못하는 길을 바꾸실 수 있는 분이다. 그분은 우리가 상상하지 못한 것에서 선한 것을 만드실 수 있다. 말도 안 되는 우리의 인생을 통해 하나님이 무슨 일을 하실지 이제는 하나님을 경청할 때다. 탄식하거나 징징거리면서 세월을 허송할 것이 아니라 하나님 앞에 서서 인격적으로 대화로 하나님을 더 알아가라고 우리를 부르신다.

우리가 인생을 살다보면 다 이해할 수 없는 일, 우리가 왜 이런 일을 겪는지 모르고 지나가는 일도 많다. 그럴 때 우리는 침묵하고 하나님을 바라보아야 한다. 하나님이 안 계신다고 함부로 말하지 말라. 그 상황을 통해서 하나님이 일하실 것을 기대하라. 하나님이 어떻게 선으로 바꾸실지 기대하라. 하나님의 뜻은 우리의 안목을 넘어선다.

입 다물고 기도하라. 하나님이 무엇을 원하시는지, 어떻게 말씀하시는지 하나님을 주목하여 바라보고 기다려라. 다 알지 못하고 다 이해할 수 없어도 매 순간 하나님을 인정하고 하나님의 뜻을 구하라. 그러면 우리의 신앙이 자랄 것이다. 우리 자신의 것, 우리의 시선에만 머물러 있다면 우리에게는 좌절밖에 없다. 하나님이 안 계시기 때문이 아니라 우리가 하나님을 바라보지 않기 때문에 좌절하게 된다는 것을 명심하고 하나님을 바라보고 기대하고 그분의 말씀을 경청하며 한 걸음 한 걸음 믿음의 길을 걸어가라.

PART 2

하박국,
믿음과 지식

Chapter 05
네가 믿는 하나님 앞에 서라

"예수님을 믿으십니까?"

이 질문의 강조점이 어디에 있는가? 바로 '예수님'에 있다. 믿음이란 자기 신념이나 확신이 아니라 그 대상을 기초로 한다. 누군가 세 살 아이를 가리키며 "나는 널 믿어!"라고 말한다면 어떨까? 대단히 이상한 일이 될 것이다.

믿음의 대상이 누구냐 하는 것은 대단히 중요하다.

> 보라 그의 마음은 교만하며 그 속에서 정직하지 못하나 의인은 그의 믿음으로 말미암아 살리라 합 2:4

이 말씀은 바울이 로마서에서도 인용할 정도로 매우 중요하고 유명한 말씀이다. 그런데 이 믿음에 대해 설명하기가 참 쉽지 않다. 막상 누군가 "네가 믿는 예수가 누구야?"라고 물으면 막막하기 그지없다. 그것은 우리가 믿는 예수님이 너무 크신 분이기 때문이다.

나는 중국에 수십 차례 다녀왔다. 그런데 땅이 너무 넓어서 그런지 아직도 중국을 잘 모른다. 대륙의 이 끝에서 저 끝까지 계절도 다르다. 한 나라에 대해서도 이렇게 다 알기 어려운데 하나님을 어떻게 다 알겠는가. 하나님의 크기는 우리가 상상할 수 없을 정도로 크다. 이것이 참 어렵다. 그래서 믿음이 있음에도 불구하고 우리가 믿는 엄청나게 크신 하나님에 대해 이야기하려고 하면 막막한 것이다.

내가 믿는 분!

우리는 우리가 믿는 대상에 대해 생각해보아야 한다. 일단 믿음이란 인격체에 사용해야 한다. 인격(人格)이란 격이 있는 존재를 말한다. 하나님께도 격이 있다. 바로 신격(神格)이다.

어떤 목사님이 산에 오르다가 만난 산사람에게 물었다.

"당신은 왜 산사람이 됐습니까?"

그 사람이 대답했다.

"세상에서는 사람들이 나를 수없이 배신했습니다. 사람은 믿을 만한 존재가 못 됩니다. 그런데 산으로 들어오니 산은 정직하고 계절에 따라 흘러가고 믿을 만했습니다."

하지만 문제는 과연 산이 믿음의 대상이 될 자격이 있느냐 하는 것이다. 산은 믿음의 대상이 될 수 없다. 우리가 보기에 수학적 확률적 통계상 안전할 뿐이다. 지금이라도 당장 화산이 터지고 지진이 나서 땅이 진동한다고 생각해보라. 그런데 "그래도 나는 산을 믿어", "산은 나를 배반하지 않아" 하고 그 자리에 그대로 있을 사람이 있을까? 이것은 믿는 것이 아니다.

지하철이나 버스에서 내 옆자리에 앉은 사람이 과연 믿을 만한가? 우리는 그 사람을 믿기 때문에 그대로 앉아 있는 것이 아니다. 그 사람이 조금이라도 이상한 행동을 하거나 불안해 보이거나 정상이 아니라는 판단이 들면 아마 금세 자리를 옮길 것이다. 엘리베이터에서도 마찬가지다. 엘리베이터에 같이 탄 사람을 믿어서 같이 탄 것이 아니다. 위험해 보이지 않고 평범하며 정상으로 보여 안심이 되니까 같이 타는 것이다.

세상 사람들이 추구하는 믿음의 대상의 기준이 바로 이런 것들이다. 사람들은 안심할 수 있고 안정감을 느끼게 해주는 것을 믿고 싶어 한다. 그래서 돈과 권력을 의지하려고 하지만 그것은 결코 믿음의 대상이 될 수 없다. 단지 우리가 세상을 살아가기에 편하게 해주는 것들에 불과하다.

이 땅에서 이만하면 안심하고 살아갈 수 있다고 생각하는 것들에 무엇이 있는가? 좋은 직장? 든든한 통장? 건강? 아름다운 배우자? 우리는 이런 것들이 있으면 안심하고 안정감을 느끼고 주님이 응답하셨다고 자부하면서 살아간다.

그러나 예수님이 말씀하셨다.

어리석은 자여 오늘 밤에 네 영혼을 도로 찾으리니 그러면 네 준비한 것이 누구의 것이 되겠느냐 눅 12:20

있으면 편하니까, 또 없으면 와르르 무너질 것처럼 물질, 명예, 권력을 추구하며 살아가는 세상 사람들의 방법을 그리스도인의 삶에 똑같이 적용해서는 안 된다. 그것은 믿음이 아니다. 거기에 변함이 없고 영원하고 자신을 걸 만큼 큰 무엇이 있는가? 예수님을 믿는다는 것은 다르다. 우리의 안목이나 우리가 안심하는 수준과는 비교할 수 없을 만큼 커서 우리 머리로는 그것을 다 이해할 수 없다.

하람이와 하준이를 처음 학교에 보낼 때 내가 아이들에게 한 말이 있다.

"혹시 왕따를 당하거든 걱정하지 말고 아빠한테 얘기해. 나쁜 아이들이 부모님한테 이르면 때린다고 해도 아빠한테 말해. 아빠가 너희를 왕따시키는 아이들보다, 그 아이들의 부모님보다 더 크고 힘이 세단다."

자녀는 아빠가 크다는 것을 알 때 아빠에 대한 믿음을 갖는다. 우리가 하나님을 믿는 믿음도 이런 것이다. 즉, 내가 믿는 믿음의 대상은 나보다 훨씬 크고 불변하고 그것을 지속시킬 수 있는 능력이 있는 분, 오직 하나님뿐이시다. 그런데 우리가 이 믿음의 대상을 놓치고 있다. 이 땅에서 편하고 싶고, 안심하고, 안정되게 살고 싶어서 세상에 목적을 둔다. 그러다보니 하나님을 놓치는 것이다.

믿음의 **시작**

하박국은 하박국서 1장에서 하나님이 바벨론을 통해 유다를 징계하신다고 하셨을 때 깜짝 놀랐다. 이스라엘의 불의를 보며 하나님나라의 공의가 시행되지 않는 것을 탄식했던 하박국은 사실 하나님을 통해 이 문제를 편하게 해결받고 싶어 했다. 그런데 하나님이 친히 역사하셔서 깨끗하게 하시고 변화시키는 방법으로 일하시는 것이 아니라 악한 바벨론을 들어서 그 일을 하시겠다고 하니 놀라는 것이다.

"왜 악한 자를 통해서 의로운 자를 징계하시는 건가요?"

우리가 하는 불평의 말들을 잘 살펴보라. 우리는 오직 쉽고 편하게 사는 데 목적이 있는 것 같다. 한국 정치가 문제고, 한국 경제가 문제고, 교육 문제가 심각하다는 말이 과연 무슨 뜻일까? 거기에는 아무 문제없는 세상, 왕따도 없고 입시도 없는 학교, 나를 받아주는 직장에서 세상의 인정을 받으며 편하게 살다가 죽을 때까지 쉽게 가겠다는 우리의 동기가 숨어 있다.

그러나 하나님의 방법은 다르다. 하나님도 어떤 문제가 있는지다 아신다. 그렇지만 가장 먼저 하나님을 바라보게 만드신다.

> 내가 내 파수하는 곳에 서며 성루에 서리라 그가 내게 무엇이라 말씀하실는지 기다리고 바라보며 나의 질문에 대하여 어떻게 대답하실는지 보리라 하였더니 합 2:1

하박국은 하나님 앞에 파수꾼으로 선지자로 섰다. 그리고 이렇게 말했다.
"나의 질문에 대하여 어떻게 대답하실는지 보리라."
일부 성경에는 "나로 어떻게 대답하게 하실는지" 이렇게 부연되어 있는데, 이 말을 다시 번역해보면 "내가 어떻게 대답하여야 할지 기다려보리라" 이런 뜻이 된다. 이 말은 하박국이 자신의 질문에 하나님이 어떻게 대답하실지 듣겠다는 의미가 아니다. 하박국은 하나님이 자신의 질문에 굳이 대답하지 않으셔도 된다는 것을 알지만 하나님께서 분명히 대답해주실 것 또한 믿음으로 알고 있다. 그에게 자격이 있어서가 아니라 하나님이 자녀의 기도를 들으신다는 믿음이 있기 때문이다. 그래서 그 믿음으로 자신에게 대답해주시는 하나님, 거기에 자신이 어떻게 대답할지 기다려보겠다는 것이다.

믿음은 하나님 앞에 서는 것으로부터 시작한다. 처음에 하박국은 하나님께 탄식했지만 결국 하나님 앞에 서게 되었다. 드디어 믿음의 대상을 보기 시작했다. 우리가 믿음의 대상인 하나님을 바라보아야

만 그분도 우리에게 말씀하시기 시작한다.

우리는 흔히 상대가 묻는 말에 대답하기보다 자신이 원하는 식의 대답을 할 때가 많다. 우리의 기도를 생각해보라. 하나님 앞에서 하나님과 교제하는 것이 아니라 자기 말하기에 바쁘지 않은가? 그러고는 하나님께서 내 기도를 듣지 않으신다고 한다. 아니다. 하나님은 빠짐없이 다 들으신다. 그런데 우리가 하는 말이 거의 비슷하다. 하나님은 다 아신다. 우리가 하나님의 음성에 귀를 기울이지 않을 뿐이다.

그 하박국이 들을 자세가 되었다. 그리고 이제부터 하나님이 어떻게 하신다는 걸까 놀라는 마음으로 하나님 앞에 섰다. 믿음은 먼저 하나님 앞에 설 때 시작된다. 믿음의 대상 앞에 서고 그 대상을 인식하는 데서부터 시작된다. 왜냐하면 믿음은 확신이나 신념이 아니기 때문이다. 대상을 모르면 안 되기 때문이다. 그 앞에서 시작해야 한다. 하나님이 그때부터 그에게 말씀하시기 시작한다.

믿음의 경주를 **시작하라**

여호와께서 내게 대답하여 이르시되 너는 이 묵시를 기록하여 판에 명백히 새기되 달려가면서도 읽을 수 있게 하라 합 2:2

2절, "판에 명백히 새기되 달려가면서도 읽을 수 있게 하라"는 것은 돌판이나 금속판에 하나님이 주신 말씀을 깊이 새기는데 달려가면서도 읽을 수 있을 만큼 크고 정확하고 쉽게 기록하라는 것이다. 그런데 이것은 문자적인 해석에 불과하다. 물론 진짜 금속판에 새길 수도 있다. 하지만 마음판에 새기라는 뜻도 된다.

너희는 우리의 편지라 우리 마음에 썼고 뭇 사람이 알고 읽는 바라 너희는 우리로 말미암아 나타난 그리스도의 편지니 이는 먹으로 쓴 것이 아니요 오직 살아 계신 하나님의 영으로 쓴 것이며 또 돌판에 쓴 것이 아니요 오직 육의 마음판에 쓴 것이라 고후 3:2,3

나는 고린도후서 3장의 이 말씀, "육의 마음판에 쓴 것이라"가 더 맞는 표현이라고 생각한다. 우리나라에도 몇십 년 전까지 문맹(文盲)이 있었다. 조선시대라면 글을 아는 사람이 적었다. 따라서 그 옛날에는 아무리 쉽고 정확하게 새긴다 해도 글을 알지 못하면 소용이 없었다. 그러니까 오히려 마음판에 새긴다는 것이 더 타당하다.

그렇다면 마음판에 새기고 달려가면서 어떻게 그것을 읽게 하는가? "달려가면서"를 "달리게 하기 위해서"로 번역한다면 달려가면서 읽는 것이 아니라 그것을 읽는 자가 달릴 수 있도록 마음판에 새기라는 뜻이 된다. 하나님의 말씀을 읽는 자는 누구든지 달려갈 수 있다. 믿음의 경주를 시작할 수 있다. 그러니 마음판에 깊이 새기고 또

새겨라. 하나님의 말씀을 마음판에 새기는 것이 달리기의 시작이다.

하나님의 때를 기다리는 믿음

그런데 이 묵시는 '정한 때'가 있다고 하신다.

이 묵시는 정한 때가 있나니 그 종말이 속히 이르겠고 결코 거짓되지 아니하리라 비록 더딜지라도 기다리라 지체되지 않고 반드시 응하리라 합 2:3

히브리서에도 "나의 의인은 믿음으로 말미암아 살리라"라는 말씀이 기록되어 있다. 그러면 왜 믿음으로 살되 뒤로 물러가지 말아야 하는가?

너희에게 인내가 필요함은 너희가 하나님의 뜻을 행한 후에 약속하신 것을 받기 위함이라 잠시 잠깐 후면 오실 이가 오시리니 지체하지 아니하시리라 나의 의인은 믿음으로 말미암아 살리라 또한 뒤로 물러가면 내 마음이 그를 기뻐하지 아니하리라 하셨느니라 히 10:36-38

바로 장차 오실 분이 지체하지 않고 오시기 때문이다. 하나님의 때는 있다. 그리고 그때는 지체되지 않고 속히 올 것이다. 그러나 우리는 하나님의 때가 오기를 기다리면서 더디고 지체된다는 느낌을 받는다.

'진짜 하나님은 살아 계신가? 하나님은 왜 이렇게 빨리 역사하지 않으시지? 이러다가 내 인생도 끝나버리는 거 아니야?'

하박국은 하나님이 바벨론을 통해 유다를 멸망시킨다는 말씀에 당황했다.

'멸망당했는데 다시 회복이 될까? 그게 가능해? 하나님의 때가 있기는 한 거야?'

여기까지 생각이 이르렀다. 그러면 왜 하나님께서 지체하시는 것 같고 왜 하나님의 때가 더디 온다고 느끼는가?

사실 우리는 이 땅에서 안주하고 싶고, 평안을 누리고 싶고, 마지막까지 멋지게 끝내고 싶어 한다. 그래서 내 인생 가운데 하나님이 어떻게 역사해주셨는지, 얼마나 형통한 인생을 살았는지 나타내고 싶어서 마음이 급하다. 하나님이 자신이 원하는 대로 역사해주셔서 얼른 안심하고 평안히 잘 살고 싶은데, 그렇게 역사해주시지 않자 시간이 더디 가는 것만 같은 것이다.

하지만 하나님의 때는 정확하다. 하나님은 사랑이시고 하나님은 신실하시다. 그 하나님을 믿는 믿음으로 우리가 얼마나 오래 기다려봤는가? 우리는 그리 오래 기다리지 않았다. 하나님은 우리의 상황을 모두 알고 계신다. 그분은 신실하시고 실수가 없으시고 정확하시고 완전하시다. 그분은 우리를 사랑하신다. 그분에게는 언제

든지 상황을 역전시킬 수 있는 능력이 있다.

그런데도 우리를 어려운 상황 가운데 그대로 두신다면 그것은 그럴 만한 이유가 있는 것이다. 내가 청년 시절에 버틸 수 있었던 것은 하나님이 살아 계신다는 믿음이 있었기 때문이다. 오랜 인생의 길을 갈 때 의인은 세상의 안전이 아니라 하나님을 믿는 그의 믿음으로 살기 때문이다.

믿음으로 살지 **않을 때**

> 보라 그의 마음은 교만하며 그 속에서 정직하지 못하나 의인은 그의 믿음으로 말미암아 살리라 합 2:4

어떤 사실을 증명할 때 우리는 두 가지 방법을 동원한다. 긍정적인 방법과 부정적인 방법으로 설명하는 것이다. 예를 들어 '사랑'을 설명할 때 긍정적인 방법으로 설명하자면 사랑은 아낌없이 주는 것이며, 섬기는 것이며, 베푸는 것이다. 부정적인 방법으로 설명하면 사랑은 시기하지 않고, 자랑하지 않고, 교만하지 않는 것이다.

하박국서 2장 4절 말씀도 이 두 가지 방법으로 볼 수 있다.

첫째, 의인이 믿음으로 살지 않을 때 "그의 마음은 교만하며 그 속에서 정직하지 못하다."

"보라 그의 마음은 교만하며"에서 '그'는 '바벨론'을 상징한다. 그런데 그의 마음이 교만하다고 한다. 성경에서는 '교만'이라는 단어를 많이 볼 수 있다. 그런데 하박국서 2장 4절의 교만과 동일한 원어 표현이 나오는 구절이 한 군데 더 있다.

> 그들이 그래도 산꼭대기로 올라갔고 여호와의 언약궤와 모세는 진영을 떠나지 아니하였더라 민 14:44

그들이 그래도 "산꼭대기로 올라갔다"고 했는데 "높은 곳에 올라간다"는 이 단어가 "자신을 높인다"는 의미로 사용되었다. 자신이 높아지고 싶고, 인정받고 싶고, 자기 뜻대로 살고 싶어진다. 자신이 주권자가 되는 것이다. 선악과 사건이나 바벨탑 사건과도 일맥상통한다. 이런 마음을 가진 사람이 곧 믿음이 없는 사람, 세상 사람이다.

인간이라는 존재는 본질적으로 겸손할 수 없다. 교만하다. 교회에 와서 왜 상처받는가? 봉사하면서 왜 상처받는가? 우리 안에 높아지고 싶은 욕구가 있기 때문이다. 하나님이 다 보시고 하나님이 다 아시니까 하나님으로부터 인정받는 것으로 만족하는 마음이 드는 것이 아니라 사람들의 인정도 받고자 하는 마음이 있는 것이다. 그 본심에 교만함이 있는 것이다.

한 자매가 젊었을 때 여러 선교지로 나가 현지 선교사를 도우면서 선교에 힘을 썼다. 그러다가 혼기(婚期)를 놓치는 바람에 뒤늦게 신학을 공부하고 사역자의 길을 걷게 되었는데, 집안에 문제가 생기고 우울증이 오자 결국 자살하고 말았다. 그런데 생전에 이 자매가 이런 말을 했다고 한다. 자신이 젊었을 때 하나님을 위해 인생을 드리고 하나님을 위해 선교하고 하나님나라를 위해 달려갔는데, 하나님은 자신에게 해준 것이 뭐냐는 것이다.

나는 그 이야기를 듣고 이렇게 말해주었다.

"선교를 하는 청년들은 한번쯤 자신을 돌아봐야 할 필요가 있어. 자신이 진정 하나님을 위해 삶을 드리는 것인지, 아니면 선교 여행과 선교를 빙자해서 현실에서 도피하는 것인지 말이야."

그 자매가 진정한 마음으로 선교를 했다면 자신이 젊은 날 하나님과 동행하며 살았던 것 자체를 복으로 여겼을 것이다. 자신이 높아지고자 하고 인정받고 싶은 마음, 그것은 믿음이 아닌 행동이다.

또 "그 속에서 정직하지 못하다"고 한다. 그런데 여기에서 '정직하지 못하다'는 의미를 "거짓말한다"는 의미로 국한하면 안 될 것이다. 지금 이 상황에서는 "그의 영혼이 하나님 안에서 올바르지 않다"라는 의미로 쓰였다고 할 수 있겠다. 다시 말해 하나님 앞에서 합당하지 못한 삶의 총칭이다.

성경에서 말하는 의(義)란 "하나님과의 관계가 곧다", "하나님과의 관계가 바르다"라는 의미이다. 그러나 믿음이 아닌 행동으로는 결국 하나님 앞에 합당하지 못한 삶을 살아갈 뿐이다. 왜냐하면 높아지고자 하는 욕구가 많기 때문이다.

믿음을 가진 자가 **산다**

둘째, "의인은 그의 믿음으로 말미암아 살리라."

이 문장을 뒤바꿔보면 "믿음을 가진 의인은 산다"라는 의미가 될 수 있다. 우리 안에 믿음이 있다면, 하나님의 말씀을 자신 안에 새기고 하나님 앞에 서야 한다. 즉, 믿음의 대상인 예수님을 닮아야 하는 것이다. 우리가 믿는 예수로 사는 것, 예수를 가슴에 모신 자는 예수의 생명력으로 살아간다는 것이다. 결코 나 자신을 기초로 하는 것이 아니다.

그런데 우리는 예수님을 너무 모른다. 나 역시 마찬가지다. 내가 은퇴하려면 아직 시간이 남아 있지만, 나는 주내힘교회의 후임 목회자와 다음 세대를 위해 몇 년 전부터 간절히 기도하고 있다. 한번은 은퇴를 앞두고 계신 남포교회 박영선 목사님을 만났다.

"목사님, 후계 목사님에 대해 관여 안 하세요?"

"나는 관여 안 해. 그 일은 청빙위원회에서 알아서 할 거야."

"그러다가 후계 목사님이 잘못 오면 어떡해요? 남포교회가 사라질지도 모르잖아요."

"김 목사, 나는 하나님을 믿어."

순간 나는 당황했다.

'나도 하나님을 믿는데….'

박 목사님의 말씀이 계속됐다.

"혹 남포교회는 사라질 수도 있어. 그러나 하나님의 교회는 사라지지 않아. 나는 하나님이 더 일하실 것을 믿어. 말년에 내가 만난 크신 하나님, 난 그분을 보고 있어."

목사님과 만나고 돌아오는 동안 '내가 진짜 믿음이 있는가? 하나님을 얼마나 알고 있는가? 내가 믿는 하나님과 박 목사님이 믿는 하나님이 다른가?'에 대해 곰곰이 생각하게 되었다. 그리고 내가 놓친 것이 무엇인지 깨달았다.

하나님은 내가 주내힘교회를 사랑하는 것보다 더 많이 이 교회를 사랑하신다. 내가 내 아들을 사랑하는 것보다 하나님이 내 아들을 더 사랑하신다. 내가 우리 성도들을 아끼는 것보다 하나님이 우리 교회 성도들을 더 아끼신다. 내가 한국 교회가 무너지는 것을 안타까워하는 것보다 하나님이 이 나라의 교회를 더 안타까워하신다.

어느 누가 이 민족과 한국 교회, 이 땅 가운데 이루어 가시는 하나님의 역사를 꺾을 수 있는가? 우리가 잘나서 구원받았는가? 한국 교회 성도가 실력이 뛰어나서 부흥을 주셨는가? 오직 하나님의 은혜요 열심이 아닌가. 하나님은 전 영역에서 우리의 생각과 실력을 훨씬 뛰어넘어서 역사하신다. 그 하나님을 믿기에 우리는 그저 자신에게 맡겨진 것만을 감당하며 나아갈 뿐이다. 내가 그 하나님을 놓치고 이 땅에서의 책임감과 무게에 짓눌려 끌려가고 있었던 것이다. 내가 놓친 것을 깨닫자 비로소 하나님이 다시 보이기 시작했다.

하나님을 보는 순간 **달라지는 믿음**

창세기 15장을 보면 아브라함이 오랫동안 자식이 없을 때 하나님께 이렇게 말씀드렸다.

"나는 자식이 없사오니 나의 상속자는 이 다메섹 사람 엘리에셀이니이다."

그러자 하나님은 "그 사람이 네 상속자가 아니라 네 몸에서 날 자가 네 상속자가 되리라"고 하셨다. 그리고 "하늘을 우러러 뭇별을 셀 수 있나 보라. 네 자손이 이와 같으리라"라고 응답해주셨다.

그러자 아브라함은 하나님을 믿는 믿음을 보인다.

> 아브람이 여호와를 믿으니 여호와께서 이를 그의 의로 여기시고 창 15:6

그런데 여기서 아브라함이 여호와를 믿는다는 것은 이로써 믿음의 확신을 얻었다는 의미가 아니다. 아브라함이 하나님을 보고 알기 시작했다는 것이다. 자신의 모든 것이 하나님의 뜻에 달려 있다는 것을 알게 되었다는 것이다. 그리고 그것을 믿음이라고 하는 것이다.

우리가 하나님을 보는 순간 믿음이 달라진다. 하나님을 보기 시작하면서 성경의 모든 조명과 해석이 바뀌기 시작한다. 모든 것이 합력하여 선을 이룬다는 것이 어떤 말씀인가? 이것은 우리가 잘한 것, 잘못한 것을 합쳐서 그 결과가 좋게 만드는 정도를 말하는 것이 아니다. 악과 선이 만나 선을 만들 수 있는 유일하신 분은 하나님 한 분뿐이다.

믿음의 눈을 떠라

예수님의 십자가 오른편에 달린 행악자마저 예수님을 만난 순간 "당신의 나라에 임하실 때에 나를 기억하소서"라고 말하지 않았던가. 예수님은 악에서 선을 이끌어내시고 우리의 인생을 역전시킬 수 있고 세상을 바꿀 수 있는 분이다.

하나님은 욥에게 다음과 같이 응답하셨다.

그때에 여호와께서 폭풍우 가운데에서 욥에게 말씀하여 이르시되 무지한 말로 생각을 어둡게 하는 자가 누구냐 너는 대장부처럼 허리를 묶고 내가 네게 묻는 것을 대답할지니라 내가 땅의 기초를 놓을 때에 네가 어디 있었느냐 네가 깨달아 알았거든 말할지니라 누가 그것의 도량법을 정하였는지, 누가 그 줄을 그것의 위에 띄웠는지 네가 아느냐 그것의 주추는 무엇 위에 세웠으며 그 모퉁잇돌을 누가 놓았느냐 그때에 새벽 별들이 기뻐 노래하며 하나님의 아들들이 다 기뻐 소리를 질렀느니라 욥 38:1-7

"욥아, 지금 네 인생의 기초부터 틀어졌다고 얘기하는 거니? 나는 세상의 기초를 놓은 자다. 너는 기껏해야 70년을 사는 인생을 보고 있니? 나는 영원을 보고 있단다. 나는 네가 생각할 수 없을 만큼 크단다. 나는 거기에 믿음의 기초를 놓았단다."

하나님은 이렇게 말씀하시며 하나님을 바라보라고 하신다. 안 된다는 것을 되게 하시고, 악을 선으로 바꾸시고, 죽음을 생명으로 바꾸실 수 있는 분, 그 하나님을 봐야 믿음의 길을 걸을 수 있고 뛸 수 있고 자랄 수 있다.

다음은 욥의 고백이다.

욥이 여호와께 대답하여 이르되 주께서는 못하실 일이 없사오며 무슨 계획이든지 못 이루실 것이 없는 줄 아오니 무지한 말로 이치를 가리는 자가 누구니이까 나는 깨닫지도 못한 일을 말하였고 스스로 알 수도 없고 헤아리기도 어려운 일을 말하였나이다 내가 말하겠사오니 주는 들으시고 내가 주께 묻겠사오니 주여 내게 알게 하옵소서 내가 주께 대하여 귀로 듣기만 하였사오나 이제는 눈으로 주를 뵈옵나이다 그러므로 내가 스스로 거두어들이고 티끌과 재 가운데에서 회개하나이다 욥 42:1-6

이제 욥은 회개하며 하나님을 보기 시작했고 마침내 믿음의 눈을 뜨게 되었다. 믿음은 바로 하나님을 보는 사건이다. 우리는 하나님이 얼마나 크신지 모른다. 우리가 아무리 예수님을 만났다고 고백하더라도, 그분이 얼마나 크신지 모른다면 우리의 믿음은 여전히 그 대로일 것이다. 우리가 하나님을 바로 볼 때 우리의 믿음도 커진다.

하나님이 다 하신다!

요즘 들어 나는 신앙생활이 즐거워졌다. 교인이 늘어나서, 좀 더 유명해져서 그런 것이 아니다. 나는 지금 내 나이만큼 하나님을 알게 되어 기쁘다. 그래서 앞으로 10년 후, 은퇴할 무렵에는 또 어떤 하나님을 경험하게 될지 기다려진다.

솔직히 나는 이 시대가 불안하다. 우리 아이들의 미래가 걱정스럽다. 이런 시대 풍조 속에서 우리 아이들이 어떻게 믿음을 지키며 살아갈지 염려가 되었다. 그런데 지금까지 나를 이끌어주시고 오랫동안 만들어 오신 하나님을 바라볼 때 이 땅의 어떤 환난 가운데에서도 자녀 세대를 이끄시고 세우실 하나님이 보이기 시작했고, 그 하나님을 기대하는 마음으로 도도한 이 세상을 거슬러 믿음으로 살아갈 우리 아이들의 미래 또한 기대하게 되었다. 하나님이 하신다.

우리의 믿음은 환난 가운데 드러난다. 환난 가운데 우리는 한계 상황을 맞이하게 되고 그럴 때 자신의 믿음이 이것밖에 안 된다는 것을 철저히 깨닫게 된다. 그럴 때에도 크신 하나님은 우리의 한계를 뛰어넘어서 역사하신다. 우리가 보고 따르고 믿는 존재는 바로 그 하나님이시다. 자신의 한계 상황에서 하나님을 바라보라. 그리고 믿음으로 견뎌라. 기다려라. 하나님께서 한계를 뛰어넘을 수 있도록 우리의 믿음을 넓혀주실 것이다.

믿음을 가진 자는 산다. 믿음을 가진 자는 하나님의 역사를 본다. 믿음을 가진 자는 이 땅에서 하나님이 자신을 어떻게 이끌어 오셨는지 고백하는 인생을 산다.

"내가 아는 주님, 내가 만난 주님, 나는 그것으로 충분히 행복했습니다."

높아지려고 하지 말라. 안정된 삶만 살려고 하지 말라. 크신 하나님을 제한하지 말고 선(善)을 만드시는 하나님을 기대함으로 바라보라. 믿음의 삶을 감사로 고백하는 행복한 인생을 살기 바란다.

Chapter 06
의인은 믿음으로 산다

믿음을 가진 의인은 산다. 믿음으로 의롭게 된 의인은 산다. 그러면 "믿음을 가졌다", "믿음으로 의롭게 되었다"라는 말이 무엇인지 알아야 한다.

의인(義人)이라고 하면 유교적인 관념상 우리는 정직하고 청렴하고 흠잡을 데 없는 사람을 떠올린다. 그래서 믿음이 있거나 없다고 할 때에도 윤리 도덕의 문제, 결벽증의 차원에서 무엇을 했거나 무엇을 안 했거나 마음에 찔리는 것을 점검할 때가 있다.

그러나 믿음은 그것보다 훨씬 더 깊은 것이다. 성경에서 말하는 의(義)는 "하나님과의 관계가 바르다, 곧다"는 것을 의미한다. 따라서 믿음을 가진 자, 믿음으로 의롭게 된 자만이 하나님과 바른 관계를 맺고 살아갈 수 있다.

신앙의 **맹인**

요한복음 9장을 보면 날 때부터 맹인(盲人)인 자가 예수님께 고침을 받고 눈을 뜨는 장면이 나온다. 사람들이 그를 바리새인들에게 데려갔는데 그들 중에서도 예수가 어떤 사람인지 의견이 분분했다. 그러자 이번에는 소경으로 있다가 눈을 뜨게 되었다는 것을 믿지 않는 유대인들이 그의 부모를 불러서 논쟁을 벌인다.

유대인들이 그가 맹인으로 있다가 보게 된 것을 믿지 아니하고 그 부모를 불러 묻되 이는 너희 말에 맹인으로 났다 하는 너희 아들이냐 그러면 지금은 어떻게 해서 보느냐 그 부모가 대답하여 이르되 이 사람이 우리 아들인 것과 맹인으로 난 것을 아나이다 그러나 지금 어떻게 해서 보는지 또는 누가 그 눈을 뜨게 하였는지 우리는 알지 못하나이다 그에게 물어 보소서 그가 장성하였으니 자기 일을 말하리이다 그 부모가 이렇게 말한 것은 이미 유대인들이 누구든지 예수를 그리스도로 시인하는 자는 출교하기로 결의하였으므로 그들을 무서워 함이러라 요 9:18-22

유대인들은 예수님이 맹인의 눈을 뜨게 했다는 것, 예수님이 메시아라는 사실을 인정하고 싶지 않았다. 그렇기 때문에 그들은 눈을 뜬 자가 원래는 맹인이 아니었다는 것을 증명하거나 또는 예수님이 고쳐서 나은 것이 아니라는 것을 증명해 보여야 했다.

유대인들이 그의 부모를 불러다가 그가 어떻게 낫게 되었는지 물었다. 그러자 맹인의 부모는 예수님을 시인하면 출교(黜敎)를 당할까 두려워 "날 때부터 맹인인 것은 분명한데, 아이의 눈을 누가 뜨게 했는지는 모르겠습니다. 그가 장성했으니 그에게 직접 물어보십시오"라고 말한다.

그래서 맹인이었던 자를 다시 불러 묻자 그가 이렇게 대답한다.

그가 죄인인지 내가 알지 못하나 한 가지 아는 것은 내가 맹인으로 있다가 지금 보는 그것이니이다 요 9:25

맹인이었던 자가 눈을 뜨게 되었지만, 자신의 눈을 뜨게 해준 분이 하나님인 것은 모르고 있다. 어느 날 우리가 눈을 떴다. 감각은 깨어났지만 하나님이 어떤 분인지, 하나님이 내 인생 가운데 왜 찾아오셨는지, 내 인생 가운데 구체적으로 어떤 일을 행하셨는지 모르면 우리는 하나님께 제대로 반응하지 못한다. 그 하나님을 누리지 못하고 무지하게 살아갈 수밖에 없다.

예수님을 **아는 것**

예수께서 그들이 그 사람을 쫓아냈다 하는 말을 들으셨더니 그를 만나사 이르시되 네가 인자를 믿느냐 대답하여 이르되 주여 그가 누구시오니이까 내가 믿고자 하나이다 요 9:35,36

날 때부터 맹인이었던 사람이 눈을 떴다. 그런데 그가 믿고자 하나 그 믿음의 대상을 모른다. 그래서 예수님이 친히 가르쳐주신다.

네가 그를 보았거니와 지금 너와 말하는 자가 그이니라 요 9:37

이에 그는 "주여 내가 믿나이다"라고 대답한다. 처음 눈을 뜨게 되었을 때 그는 예수님을 몰랐다. 우리의 신앙생활도 그렇다. 우리는 교회로 인도되어 하나님께 예배를 드리고 하나님의 말씀을 들으면서 하나님을 알아간다. 예수님을 알아야 신앙생활이 뭔지 안다. 우리 인생이 어디서부터 시작해서 어디로 가는지 안다. 주님은 우리의 인생 가운데 하나님을 아는 믿음을 요구하신다.

한번은 하람이가 초등학교 4학년일 때 축구를 하다가 얼굴이 사색이 되어 돌아온 적이 있었다. 하람이를 따라온 한 아이가 하람이를 빤히 쳐다보고 있기에 내가 물었다.

"무슨 일이니?"

"하람이 형이 축구하다가 공을 뻥 찼는데, 그 공 때문에 어떤 집 유리창에 금이 갔어요."

하람이는 마치 죄인처럼 떨며 서 있었다.

"하람아, 걱정하지 마. 아빠랑 같이 확인하러 가자."

나는 하람이를 데리고 그 집을 찾아갔다. 창문에 금이 가 있기는 했다. 그런데 창문 유리의 두께를 보아하니 아이가 찬 공 때문에 쉽게 금이 갈 정도로 얇지 않았다.

"제 아이가 찬 공 때문에 창문에 금이 갔다고 하던데, 그렇다면 제가 변상하도록 하겠습니다."

그러자 집주인이 말했다.

"아, 이거요? 원래 금이 가 있었던 거예요. 금이 좀 더 가기는 했지만 괜찮아요."

이 일이 있은 후 내가 하람이에게 말했다.

"하람아, 어떤 문제가 생기더라도 반드시 아빠한테 와야 해. 그래야 아빠가 그 문제를 해결할 수 있어."

그 순간 하람이가 아빠를 알게 되는 것, 그것이 믿음이다. 믿음은 하나님을 아는 것이다.

하나님을 가진 **믿음**

안팎으로 불안하고 두려운 인생을 이어가던 아브라함에게 나타나신 하나님께서 그에게 이렇게 말씀하셨다.

이 후에 여호와의 말씀이 환상 중에 아브람에게 임하여 이르시되 아

브람아 두려워하지 말라 나는 네 방패요 너의 지극히 큰 상급이니라
창 15:1

하나님이 방패이시고 하나님이 큰 상급이시다. 이 말씀이 이해가 되는가? 요한복음에서도 예수님이 이렇게 말씀하셨다.

내가 곧 길이요 진리요 생명이니 나로 말미암지 않고는 아버지께로 올 자가 없느니라 요 14:6

우리에게 주시는 상급은 하나님이 주시는 응답들이 아니다. 하나님 자체가 상급이시다. 하나님이 방패이시다. 예수님을 통해 길을 가고, 예수님을 통해 진리에 이르고, 예수님을 통해 생명을 얻는 것이 아니다. 예수님이 바로 길이고, 진리이고, 생명이시다.

구원이나 진리에 대해 말하는 종교는 많다. 그러나 이 땅에 아무리 종교가 많아도 거기에는 예수가 없다. 다른 종교는 예수 아닌 다른 것을 통해 구원을 얻을 수 있다고 말하는 것이다. 그러나 기독교의 결정체는 길이요 진리요 생명이신 예수다.

흔히 간증할 때 이렇게 말한다.

"예수 믿었더니 사업이 잘됐습니다."

"예수 믿었더니 병이 나았습니다."

우리는 예수님을 통해 이러이러한 상을 받았다고 말한다. 그러나

예수님을 믿는 믿음은 예수님 자체를 아는 것이다. 모든 처음과 끝, 원인과 결과가 하나님의 손에 달렸다. 어떤 두려운 상황 가운데 있더라도 하나님만 계시면 된다. 그 하나님을 아는 것이 믿음이다.

하나님은 "의인은 그의 믿음으로 말미암아 살리라"라고 하셨다. 하나님으로 말미암아 의롭게 된 자는 하나님과의 온전한 관계 안에 살아간다. 하나님을 가진 것이다. 즉, 믿음을 가졌다는 것은 하나님을, 예수님을 가진 것이다. 우리가 흔히 말하는 신앙의 크기가 바로 예수님을 아는 크기, 하나님을 아는 크기이다. 그것이 곧 믿음이다.

만만하지 않은 현실이 요구하는 믿음

하나님이 나의 반석이시다. 하나님이 나의 방패이시다. 하나님이 나의 산성이시다. 그러나 우리의 현실은 하나님이 반석 같지 않고, 하나님이 방패 같지 않고, 하나님이 산성 같지 않다는 데 있다. 그래서 우리에게 믿음이 필요하다. 주님이 우리에게 믿음을 요구하시는 것은 믿음을 가진 자만이 살기 때문이다. 다른 말로 하면 믿음이 없으면 살지 못하는 것이 우리의 현실이라는 것이다. 현실은 결코 만만하지 않다.

우리가 사는 현실은 죄가 관영(貫盈)해 있다.

그러나 죄가 기회를 타서 계명으로 말미암아 내 속에서 온갖 탐심을 이루었나니 이는 율법이 없으면 죄가 죽은 것임이라 전에 율법을 깨닫지 못했을 때에는 내가 살았더니 계명이 이르매 죄는 살아나고 나는 죽었도다 생명에 이르게 할 그 계명이 내게 대하여 도리어 사망에 이르게 하는 것이 되었도다 죄가 기회를 타서 계명으로 말미암아 나를 속이고 그것으로 나를 죽였는지라 롬 7:8-11

죄가 얼마나 교묘한지 모른다. 죄는 옳은 것을 가지고도 얼마든지 가장 그르게 만들 수 있다. 생명에 이르게 할 계명을 가지고 죽음에 이르게 만드는 것이 바로 죄다. 기독교인이 가장 무서울 때가 언제인가? 바로 자신이 가장 의롭고 온전히 다 행했을 때다.

"그따위로 신앙생활을 하면 되겠어?"

자신이 하나님 앞에 가장 온전한 예배를 드린다고 하고 말씀을 읽고 기도를 하고 봉사를 한다고 하면서 그것이 죄가 되는 순간이다. 상대방도 죽이고 자신도 죽는다. 죄는 하나님을 보는 눈과 우리의 삶을 보는 눈을 굴절시킨다.

세상에 죄가 관영한 것도 어려운데 현실까지 어렵다. 그런데 사실 우리가 걱정하는 현실은 죄의 결과로 나타난 '죽음'과 '먹고사는 문제'이다. 우리는 이 현실에서 벗어나지 못한다. 죽음을 극복할 수 없다. 결국 우리 인생이란 먹고사는 문제로 애쓰면서 죽음을 향해 가는 것이다.

세상 문학이나 철학, 어떤 신조나 사상으로도 죽음의 문제를 극복할 수 없다. 그런데 성경은 예수가 생명이라고 말한다. 세상에 생명이 없고 아무런 소망이 없는데, 오직 예수만이 생명을 낳는다고 말한다. 우리가 예수를 만나야 생명이 보이고 불의한 이 세상의 끝이 보인다. 예수를 볼 때 극복할 수 없는 죄 문제, 현실 문제의 해결자 되시는 하나님을 보게 된다.

믿음을 보겠느냐

그 하나님께서 "의인은 그의 믿음으로 말미암아 살리라"는 말씀으로 하박국이 놓쳤던 시선을 다시 고정시켜주신다.

"의인은 믿음으로 사는 거야. 하나님만 보고 사는 거야. 너의 안목, 너의 계획, 너의 세계관으로 아무리 인생의 문제를 본들 죄를 이기지 못해. 하지만 나는 아무리 죄가 관영해도 그 죄를, 악을 선으로 바꿀 수 있어."

결국 하나님을 보지 못하면 해답을 찾을 수 없다. 그러면 우리가 하나님을 알기 위해 어떻게 해야 하는가? 예수께로 가면 된다. 인간의 몸을 입고 이 땅에 오신 예수님은 우리와 똑같이 보편적인 인생을 살아가셨다. 우리와 똑같이 희로애락을 느끼며 살아가셨다. 하나님께서 그 예수님을 통해 하나님 자신이 누구인지를 드러내셨다. 그 예수님을 통해서 하나님을 알게 하셨고, 하나님의 마음을 느끼게 하셨다.

이러므로 우리에게 구름같이 둘러싼 허다한 증인들이 있으니 모든 무거운 것과 얽매이기 쉬운 죄를 벗어 버리고 인내로써 우리 앞에 당한 경주를 하며 믿음의 주요 또 온전하게 하시는 이인 예수를 바라보자 그는 그 앞에 있는 기쁨을 위하여 십자가를 참으사 부끄러움을 개의치 아니하시더니 하나님 보좌 우편에 앉으셨느니라 너희가 피곤하여 낙심하지 않기 위하여 죄인들이 이같이 자기에게 거역한 일을 참으신 이를 생각하라 히 12:1-3

믿음의 주(主)요 또 온전하게 하시는 이인 예수를 바라보라는 것, 이것이 하나님이 우리에게 주신 해답이다. 하나님을 바라보고 하나님을 믿는 믿음이 중요하다. 그런데 하나님이 너무 크시다. 우리가 보기는 봐도 감각이 없다. 그런 우리를 가장 잘 아시는 하나님께서 이 땅에 성자 하나님을 보내주셨다. 그분의 33년 인생과 말씀과 사역을 통해 하나님을 보여주셨다. 그렇기 때문에 우리가 예수 길, 예수 진리, 예수 생명이신 예수님을 바라보지 않을 때 흔들리는 것이다. 예수님이 친히 당부하신 말씀이다.

예수께서 그들에게 항상 기도하고 낙심하지 말아야 할 것을 비유로 말씀하여 눅 18:1

우리는 항상 기도하고, 하나님을 의지하고, 낙망하지 말고 하나님과 바른 관계를 지속해야 한다. 예수님은 불의한 재판관의 비유를 말씀하셨다.

> 하물며 하나님께서 그 밤낮 부르짖는 택하신 자들의 원한을 풀어 주지 아니하시겠느냐 그들에게 오래 참으시겠느냐 내가 너희에게 이르노니 속히 그 원한을 풀어 주시리라 그러나 인자가 올 때에 세상에서 믿음을 보겠느냐 하시니라 눅 18:7,8

주님은 "인자가 올 때에 세상에서 믿음을 보겠느냐"고 하신다. 마지막 때는 창세 이후로 가장 타락하여 죄악이 가득한 때가 될 것이다. 노아의 때가 그랬고 롯의 때가 그랬다. 노아의 때에 노아의 가족을 뺀 모든 인류가 타락했다. 소돔과 고모라의 죄악이 얼마나 심각했는지, 롯이 얼마나 괴로운 삶을 살았는지 우리는 성경을 통해 잘 알고 있다.

그런데 그보다 더 끔찍한 세상이 오는 것이다. 그때 하나님은 믿음이 있는 자를 보겠느냐고 탄식하신다. 결국 아무리 끔찍한 시대에도 믿음이 해답인 것이다.

우리가 이 세상을 보면 낙망할 수 있다. 불의한 세상 가운데 하나님은 어디 계신지 탄식할 수 있다. 그러나 예수님이 비유로 말씀하신 것처럼 불의한 재판관이라도 원한을 풀어달라고 밤낮 부르짖는 과부의 기도를 들어주었는데, 하물며 의로운 재판관이신 우리 하나님께서 택하신 자녀의 기도를 들어주시지 않겠는가? 택하신 백성을 버리시겠는가?

그렇기 때문에 예수님은 마지막 때에 세상을 보는 것이 아니라 항상 기도하고 낙심하지 않는 사람, 하나님을 바라보는 믿음 있는 의인을 보고자 하신 것이다.

예수님만 봐!

인생을 살아가면서 모든 현실의 문제를 통과할 때 가장 중요한 것이 무엇인가? 바로 누구를 바라보느냐의 싸움이다.

우리는 마태복음 28장 예수님의 대위임명령(The Great Commission)을 잘 이해해야 한다.

> 예수께서 나아와 말씀하여 이르시되 하늘과 땅의 모든 권세를 내게 주셨으니 그러므로 너희는 가서 모든 민족을 제자로 삼아 아버지와 아들과 성령의 이름으로 세례를 베풀고 내가 너희에게 분부한 모든 것을 가르쳐 지키게 하라 볼지어다 내가 세상 끝날까지 너희와 항상 함께 있으리라 하시니라 마 28:18-20

예수님은 이제 하늘과 땅의 모든 권세가 예수님께 있다고 말씀하셨다.

창세기 1장 1절 말씀과 같이 태초에 하나님이 천지를 창조하셨다. 시간과 공간과 모든 만물을 하나님이 지으셨다. 그런데 세상에 죄가 들어오면서 만물이 죄로 굴절되었다. 그러나 하나님은 제한적인 이 땅 가운데 오셨고 모든 것을 회복시키는 부활을 이루셨다. 부활이 무엇인가? 단적으로 말하면 하나님은 이 땅의 것으로 꺾이지 않으신다는 것이다. 이 땅에 악이 피어나도 그 악을 뒤엎을 수 있으신 분이라는 것이다.

부활하신 예수님이 하늘과 땅의 모든 권세를 가지셨고 그 예수님이 세상 끝날까지 우리와 항상 함께 있을 것을 말씀하신다. 그렇기 때문에 가라고 하신다. 모든 민족을 제자로 삼는 일, 예수님의 명령을 가르치고 지키는 일을 할 수 있다고 하시는 것이다.

아무리 세상에 악이 팽배해도 하늘과 땅의 모든 권세를 가진 예수님이 세상 끝날까지 함께하시기 때문에 우리가 이 길을 믿음으로 갈 수 있다고 말씀하신다. 결국 하늘과 땅의 모든 권세를 가진 분이 영원히 나와 함께하신다는 것을 알지 못한다면, 우리는 이 세상도 현실도 통과할 수 없고 무너질 수밖에 없는 것이다.

유다의 멸망 앞에 하박국은 망연자실한다. 이스라엘은 죄악이 팽배하고 힘이 없다. 하박국이 하나님께 호소한다.

"하나님, 유다는 이렇게 끝나는 겁니까?"

그런데 하나님은 망한다, 끝난다는 답을 주시는 것이 아니라 하나님이 누구인지를 먼저 보라고 하신다. 유다도 아니고, 바벨론도 아니다. 크신 하나님을 먼저 보라고 하신다. 하나님의 크기를 보라고 하신다. 세우는 것도, 엎는 것도, 꺾는 것도 모두 다 하나님께 달렸다는 사실을 우리는 알아야 한다.

그런데 우리는 문제에 너무 집중하며 산다. 당장 눈앞에 보이는 문제 하나만 해결하려고 한다. 그러나 인생의 문제는 끝이 없다. 나면서 죽을 때까지 문제의 연속이다. 인생사뿐만이 아니다. 지구 반대편에서 미사일을 쏘아 올려도 덜덜 떨고 땅이 한 번 크게 흔들려도 인생이 송두리째 날아갈 걱정부터 앞선다.

하나님은 이렇게 말씀하신다.

"나를 봐. 나로 말미암아 사는 거야. 그래야 살 수 있어."

자녀를 묵상하지 말라. 남편을 묵상하지 말라. 부모를 묵상하지 말라. 환경을 묵상하지 말라. 묵상하는 그것 때문에 우리는 흔들릴 것이다. 하나님을 묵상하라. 그러면 하나님께서 이끌어 가시고 우리의 부족함을 뛰어넘어 우리를 만드실 것이다.

우리가 그 하나님 앞에 있으면 된다. 우리의 실력, 우리의 부족함, 연약함, 불안함을 뛰어넘어 역사하시는 하나님이 계신 것을 믿고 그분을 보기 때문에 오늘도 여전히 믿음의 길을 가는 것이 중요하다. 하나님을 바라보는 믿음으로 승리하라.

지금 이 순간에도 하나님은 우리에게 말씀하고 계신다.

"나를 봐. 나만 봐."

Chapter 07
하나님을 아는 지식이 없어 망한다

"의인은 그의 믿음으로 말미암아 살리라"고 했지만 의인이 믿음으로 살아가기에 세상은 너무나 험난하고 강퍅하다. 그것을 가로막는 정말 강한 세력이 존재한다.

그는 술을 즐기며 거짓되고 교만하여 가만히 있지 아니하고 스올처럼 자기의 욕심을 넓히며 또 그는 사망 같아서 족한 줄을 모르고 자기에게로 여러 나라를 모으며 여러 백성을 모으나니 합 2:5

바벨론이 어떤 나라인가? 여러 나라를 침공하여 끌어 모은 부(富)로 강력한 제국을 이루었다.

그가 낚시로 모두 낚으며 그물로 잡으며 투망으로 모으고 그리고는 기뻐하고 즐거워하여 그물에 제사하며 투망 앞에 분향하오니 이는 그것을 힘입어 소득이 풍부하고 먹을 것이 풍성하게 됨이니이다

합 1:15,16

그들은 거짓되고 교만하다. 무례하고 자기중심적이라는 뜻이다. 사실 나도 교만하다. 사람들이 내게 묻는다.
"목사님 주위에는 어떻게 그렇게 착한 사람이 많아요?"
"나는 교만해서 교만한 사람을 빨리 알아봐요. 그래서 나 같은 사람을 피하고 그렇지 않은 사람을 사귀거든요."
무례하다는 것은 교만을 넘어 사람들을 업신여기는 행동을 한다는 것이다. 그런 사람이 가만히 있지 않고 쉴 새 없이 다닌다. 족한 줄 모르고 끊임없이 욕심을 부린다. 믿음으로 살고자 하는 사람들을 시험하고 방해한다.

죽고자 하느냐? 살고자 하느냐?

사람이 언제 죽음을 생각하는가? 어느 날 감옥에서 한 사람이 자신이 가진 담배를 막 나눠주었다고 한다. 그런데 그런 사람은 위험한 사람이다. 자칫 목을 맬 수도 있다. 왜냐하면 사람이 절망할 때 자포자기하고 막 살고 결국 죽음을 선택하게 되기 때문이다.

나도 어려운 시절을 겪었다. 공부도 못했다. 그런 이유라면 수없이 자살을 선택했을 것이다. 그렇지만 가난하다고, 전교 꼴찌를 한다고 다 자살하는 것은 아니다. 내가 아는 교수님은 수재이시다. 그 분이 자기 입으로 자신이 수재라고 해서 알았다. 내가 보기에는 천재 같다. 그런데 그 분은 절망감을 느낀다고 한다. 수재는 천재를 알아보는데 천재처럼 되지는 못하기 때문에 불행하다는 것이다.

다른 사람이 보기에 많은 것을 가진 것 같고 하등 죽을 이유가 없을 것 같아도 사람은 스스로 절망할 때 죽음을 생각하게 된다. 절망이라는 벽에 부닥치면 멈춰 선다. 그러나 살고자 하는 마음이 있다면 살 수 있다. 죽음이 도처에 널려 있어도 붙잡을 것이 있으면 버틸 수 있다. 그러나 절망하는 순간 우리는 죽음으로 간다.

바벨론은 그 당시 세상에서 가장 강력한 불의요 가장 막강한 세력이었다. 이 땅에 진정한 공의가 없는 것 같고 하나님이 계시지 않는 것 같을 때 의인은 어떻게 살아야 되는가? 그 답이 의인은 그의 믿음으로 말미암아 산다는 것이다. 그러나 의인이 세상에서 이런 강력한 세력을 상대하면서도 하나님을 바라보고 믿음으로 산다는 것은 결코 쉽지 않다.

바벨론은 막강한 힘을 가졌다. 불의한 세력이다. 그런데 그렇게 강력하고 위대한 제국 바벨론이 한순간에 조롱거리가 되고 풍자거리가 되었다. 하박국서 2장 6절에서 20절을 '조롱의 시'라고 하는데, 여기서 하나님은 바벨론에 내리실 다섯 가지의 재앙에 대해 말씀하신다.

첫째 재앙

그 무리가 다 속담으로 그를 평론하며 조롱하는 시로 그를 풍자하지 않겠느냐 곧 이르기를 화 있을진저 자기 소유 아닌 것을 모으는 자여 언제까지 이르겠느냐 볼모 잡은 것으로 무겁게 짐진 자여 너를 억누를 자들이 갑자기 일어나지 않겠느냐 너를 괴롭힐 자들이 깨어나지 않겠느냐 네가 그들에게 노략을 당하지 않겠느냐 네가 여러 나라를 노략하였으므로 그 모든 민족의 남은 자가 너를 노략하리니 이는 네가 사람의 피를 흘렸음이요 또 땅과 성읍과 그 안의 모든 주민에게 강포를 행하였음이니라 합 2:6-8

하나님의 권력을 이용해서 남의 것을 착취하는 자에게 화(禍)가 있다. 자기 것이 아닌데 다른 사람의 것을 착취하여 모으는 것, 약한 나라에게 조공을 바치게 하고, 다른 나라의 왕, 왕자나 공주나 귀족들을 볼모로 잡으면서 남의 것을 취하는 자들이다. 예루살렘이 함락되고 유다의 마지막 왕 시드기야는 두 눈이 뽑히고 놋 사슬에 묶인 상태로 바벨론에 끌려갔다. 많은 고관 관리들 역시 볼모로 잡혀갔다.

하나님이 말씀하신다.

"너를 억누를 자들이 갑자기 일어나지 않겠느냐."

개역한글 성경에서는 "너를 물 자들이 홀연히 일어나지 않겠느냐"

라고 되어 있다. 이번에는 바벨론의 차례라는 것이다. 그동안 끌어모으고 빼앗아서 부유해졌으니 이제는 빼앗기게 되고 많이 빼앗은 만큼 더 많이 빼앗기게 된다는 것이다. 바벨론이 모은 것이 다 재앙이 되고 그보다 더 큰 재앙을 입게 될 것을 말씀하신다.

둘째 재앙

재앙을 피하기 위하여 높은 데 깃들이려 하며 자기 집을 위하여 부당한 이익을 취하는 자에게 화 있을진저 네가 많은 민족을 멸한 것이 네 집에 욕을 부르며 네 영혼에게 죄를 범하게 하는 것이 되었도다 담에서 돌이 부르짖고 집에서 들보가 응답하리라 합 2:9-11

9절의 "재앙"과 "부당한 이익"이라고 할 때의 '부당함'이 원어로 같은 단어이다. 부당하다는 것은 남에게 자기 힘을 과시해서 협박하고 갈취하는 것을 말하는데 그것이 곧 재앙이 된다. 하나님이 주신 힘을 남용할 때는 쌓은 만큼 재앙이 된다는 것이다.

새들은 높은 곳에 둥지를 튼다. 왜냐하면 뱀이나 다른 천적들로부터 보호를 받아 더 안전하게 거하기 위해서다. 그런데 도리어 그만큼 재앙을 높이 쌓고 있다는 것이다.

실제로 바벨론은 대단한 제국이었다. 티그리스 강과 유프라테스

강을 끼고 있는 사막 지대에 넓고 높은 성벽을 자랑하는 왕궁을 건설하였을 뿐만 아니라 세계 7대 불가사의에 속하는 공중정원이 있었고 바벨탑이라고 하는 어마어마한 높이의 탑도 있었다.

철옹성과 같은 위엄을 자랑하고 높은 곳에 튼 둥지 같던 이 부강한 바벨론도 "네 집에 욕을 부르며 네 영혼에게 죄를 범하게" 되었다고 한다. 욕을 부른다는 것은 곧 패가망신한다는 것을 의미한다.

"담에서 돌이 부르짖고 집에서 들보가 응답하리라."

담을 쌓는 돌이 부르짖고 집을 세울 때 없는 들보가 운다는 것은, 위세를 떨치던 바벨론의 웅장한 왕궁과 성벽 또한 재앙이 되리라는 의미이다.

셋째 **재앙**

피로 성읍을 건설하며 불의로 성을 건축하는 자에게 화 있을진저 민족들이 불탈 것으로 수고하는 것과 나라들이 헛된 일로 피곤하게 되는 것이 만군의 여호와께로 말미암음이 아니냐 이는 물이 바다를 덮음 같이 여호와의 영광을 인정하는 것이 세상에 가득함이니라 합 2:12-14

정복자들이라고 해서 모두 악한 것은 아니다. 바벨론 다음으로 일어난 페르시아 제국의 고레스 왕은 놀랍게도 바벨론의 느부갓네

살 왕이 유다에서 가져간 성전 기구를 돌려주는 한편 이스라엘 백성의 포로 귀환과 성전 재건을 허락해주었다.

그러나 바벨론은 포악하고 인정사정이 없는 나라였다. 바벨론은 피로 건설된 나라다. 하나님은 이 바벨론을 향해 "만군의 여호와로 말미암아 어떤 일이 생기는 줄 아느냐? 쌓은 것이 불타고 애써 한 일이 모두 헛수고가 되게 만들 것이다"라고 말씀하신다. 하나님이 그렇게 하시는 이유가 14절 말씀으로 이어진다. '왜냐하면' 물이 바다를 덮음 같이 세상이 여호와의 영광을 다 알도록 그렇게 하신다는 것이다.

비록 제국은 멸망했지만 바벨론은 그 후 헬라 제국을 이룬 마케도니아의 알렉산더가 자신의 통치 수도로 삼고자 할 만한 대도시였다. 그런데 그곳이 페르시아에 의해 멸망을 당했다. 문제는 지금 하박국이 그럴 만해 보이는 상황을 살아가고 있느냐 하는 것이다.

하박국은 바벨론에 재앙이 내리기 전, 그러니까 바벨론이 일어나 다른 민족을 다 쓸어버리고 가진 힘을 남용하며 무례하고 불의하여 "하나님은 진짜 살아 계신가? 하나님이 계신다면 어떻게 이런 일이 일어날 수 있는가?"를 고민하는 시점을 살아갔다는 것이 문제다.

이에 하나님은 응답하신다.

"바벨론이 강하다고 생각하니? 바벨론이 영원하다고 생각해? 의인은 세상을 보고 사는 게 아니야. 의인은 믿음으로 사는 거야."

바벨론의 강포는 그렇게 잘 알고 하나님께 한탄하면서, 정작 하나님이 어떤 분인지 얼마나 알고 있느냐는 것이다. 우리는 세상에 대해, 절망에 대해, 어려운 집안 사정에 대해 곧잘 이야기한다. 그 상황을 기가 막히게 판단한다. 하지만 불의를 심판하시는 하나님, 그것을 통해 높임을 받으실 만군의 하나님 여호와가 누구이신지는 정말 잘 모르는 것 같다.

하박국은 착각하고 있다. 바벨론이 얼마나 불의한 나라인지 하나님도 아신다. 그런데 유다도 불의했다. 유다는 불의한 바벨론 때문에 멸망하는 것이 아니다. 그들이 하나님의 말씀을 버렸기 때문에 멸망하는 것이다.

세상에 불법과 불의가 판을 치고 세상 사람들이 세상 죄를 짓는 것은 어쩌면 당연한 것이다. 그러면 하나님이 세상 사람이 죄를 짓는 것과 믿는 사람이 죄를 짓는 것을 보실 때, 누구를 더 악하다고 보실까? 은혜를 모르는 세상 사람들이 악한 것과 은혜를 입은 하나님의 백성이 악한 것 중에 누구를 더 악하다고 보실까? 바벨론이 남의 것을 탈취하는 것이 악할까? 유다가 자기 백성을 탈취하는 것이 더 악할까?

여호와를 **인정하라!**

이는 물이 바다를 덮음 같이 여호와의 영광을 인정하는 것이 세상에

가득함이니라 합 2:14

여호와의 영광을 인정한다는 것은 단순한 지식을 넘어서 인격적인 관계를 맺는 것이다. 나를 잘 모르는 청년들은 내 설교만 듣고 굉장히 엄격하고 무서운 목사인 줄 알지만 그렇지 않다. 지식으로 아는 것과 인격적으로 아는 것은 다르다. 더 나아가 체험을 통해 더 생생히 알게 된다. 여호와를 인정하고 아는 것은 그리 단순하지 않다.

이스라엘은 하나님의 영광을 인격적으로 생생히 체험한 민족이다.

구름이 회막에 덮이고 여호와의 영광이 성막에 충만하매 출 40:34

그러나 진실로 내가 살아 있는 것과 여호와의 영광이 온 세계에 충만할 것을 두고 맹세하노니 민 14:21

이스라엘은 역사 속에서 하나님의 영광을 보고 있다. 추상적인 개념이 아니라 성전에 임한 하나님의 영광을 직접 보았고 하나님을 인격적으로 만났고 그분께 제사를 드렸다.

이스라엘을 출애굽시키는 과정에서 하나님은 그 영광의 충만함을 열 가지 표징으로 나타내셨다. 역사 속에 하나님이 누구이신지 애굽의 바로 앞에 당당히 드러내셨다.

그 후에 모세와 아론이 바로에게 가서 이르되 이스라엘의 하나님 여호와께서 이렇게 말씀하시기를 내 백성을 보내라 그러면 그들이 광야에서 내 앞에 절기를 지킬 것이니라 하셨나이다 바로가 이르되 여호와가 누구이기에 내가 그의 목소리를 듣고 이스라엘을 보내겠느냐 나는 여호와를 알지 못하니 이스라엘을 보내지 아니하리라 그들이 이르되 히브리인의 하나님이 우리에게 나타나셨은즉 우리가 광야로 사흘길쯤 가서 우리 하나님 여호와께 제사를 드리려 하오니 가도록 허락하소서 여호와께서 전염병이나 칼로 우리를 치실까 두려워하나이다 애굽 왕이 그들에게 이르되 모세와 아론아 너희가 어찌하여 백성의 노역을 쉬게 하려느냐 가서 너희의 노역이나 하라 출 5:1-4

처음에 모세와 아론과 이스라엘 백성은 애굽의 바로라는 절대 권력 앞에 보잘것없이 드러났다. 바로는 "여호와가 누구냐? 나는 그를 알지 못하니 이스라엘을 보내지 않겠다"라고 하면서 물러가 너희 할 일이나 하라고 나무란다.

그런데 열 가지 재앙이 표징으로 하나하나 나타나기 시작하자 바로의 신하 중에서 여호와를 두려워하는 자들이 나타나기 시작했다.

바로의 신하 중에 여호와의 말씀을 두려워하는 자들은 그 종들과 가축을 집으로 피하여 들였으나 출 9:20

그리고 계속해서 표징이 나타나자 전세가 역전되었다. 거꾸로 모세와 아론이 바로를 책망하기 시작한 것이다.

모세와 아론이 바로에게 들어가서 그에게 이르되 히브리 사람의 하나님 여호와께서 말씀하시기를 네가 어느 때까지 내 앞에 겸비하지 아니하겠느냐 내 백성을 보내라 그들이 나를 섬길 것이라 출 10:3

이제는 바로가 꺾여서 잘못을 구하는 지경이 되었다.

바로가 모세와 아론을 급히 불러 이르되 내가 너희의 하나님 여호와와 너희에게 죄를 지었으니 바라건대 이번만 나의 죄를 용서하고 너희의 하나님 여호와께 구하여 이 죽음만은 내게서 떠나게 하라 출 10:16,17

이렇게 하나님은 애굽의 노예로 살던 이스라엘을 그 역사 속에서 하나님을 생생하게 체험하는 방법으로 끄집어내셨다. 그들을 인격적으로 만나주셨다.

여호와께서 그 백성으로 애굽 사람의 은혜를 받게 하셨고 또 그 사람 모세는 애굽 땅에 있는 바로의 신하와 백성의 눈에 아주 위대하게 보였더라 출 11:3

출애굽의 목적은 단지 이스라엘을 구원하시려는 목적만 있는 것이 아니다. 그 과정에서 세상의 주관자 되시는 분이 누구이고 이 세상이 누구에게 속했는지, 여호와의 영광을 아는 지식이 온 이스라엘뿐만 아니라 온 천하에 알리는 사건이다.

우리가 하나님을 **모른다**

이렇게 하나님을 인격적으로 만난 이스라엘, 하나님의 성전이 존재한 유다에서 어떤 일이 일어났는가? 하박국이 "불의한 바벨론을 들어서 저희에게 이러실 수 있어요?"라고 불평할 자격이 있는가? 이 세상을 살아가면서 우리가 무엇을 불평하고 어떤 것을 억울하다고 생각하는지 돌아보라.

우리는 다 죄인이다. 우리는 죄가 관영한 시대를 살아간다. 죄를 벗어나지 못한다. 죄인이 감옥에 갇혀서 벌을 받는 것이 마땅한 것처럼, 죄 가운데 죽는 것이 우리의 모습이다. 우리는 우리가 누구인지 모르고 있다. 놀라운 은혜를 받은 자가 더 원망하고 더 불의하고 더 감사하지 않는 것이다.

하나님은 바벨론의 악을 알고 계신다. 바벨론이 부당한 이익을 취하고 남의 것을 볼모로 잡고 여러 나라를 노략하고 많은 피를 흘리게 한 것을 다 아신다. 하나님은 때가 되면 그것을 갚으신다. 이자까지 쳐서 심판하고 판단하시는 공의로운 하나님이시다.

이 만군의 여호와를 믿는가? 아는가? 하박국이 하나님을 몰라서 "하나님, 어떻게 이런 일이 있습니까?"라고 부르짖는 것이 아니다. 하박국은 하나님을 알았다. 다만 그가 아는 하나님의 크기가 작았던 것이다.

바벨론은 위대한 성이다. 하지만 그토록 위대하게 보이던 바벨론도 하루아침에 무너진다. 작은 집이 불타고 작은 산이 불타는 것보다 큰 집이 불타고 큰 산이 불탈 때의 불은 엄청난 차이가 난다. 하나님은 바벨론이 더 크게 쌓고 더 높이 쌓도록 내버려두셨다. 그리고 페르시아를 통해 한 방에 날려버리셨다. 그만큼 세상 권력과 힘이 아무것도 아니라는 것이다. 하나님은 하나님의 영광이 뭔지 보여줄 능력이 언제나 있으실 뿐만 아니라 하나님의 크신 영광과 위엄이 드러나도록 역사하신다. 우리가 정말 이 하나님을 안다면, 그래서 그것을 고백하며 산다면 절대 낙망하지 않을 것이다.

물론 하나님을 바라보며 산다고 해서 힘들지 않다는 의미는 아니다. 인생은 겪는 것이다. 세상에 나가보라. 세상의 불의가 우리를 비껴가지 않는다. 인생은 원래 힘들다. 그러나 절망하지 않는다. 그것이 끝이 아니고, 궁극적인 힘이 하나님께 있고, 주님이 하늘과 땅의 모든 권세를 가진 것을 알기 때문이다. 하나님을 아는 지식이 있기 때문이다.

그분은 모든 것을 바꾸실 수 있고 반드시 악을 심판하신다. 그런데 그분이 지금 그냥 두신다면 그럴 때는 그만한 이유가 있을 것이다. 그래서 지금 당장 내가 악을 악으로 갚지 않으며 악한 길로 가지 않는 것이다. 하나님 앞에 서는 날이 있을 것을 알기 때문에 지금 탄식하더라도 의인의 길, 믿음의 길을 가는 것이다.

착각하지 말라. 우리가 무너지는 것은 다른 이유 때문이 아니다. 여호와를 아는 지식이 없고 믿음이 없을 때 우리는 무너진다.

> 내 백성이 지식이 없으므로 망하는도다 네가 지식을 버렸으니 나도 너를 버려 내 제사장이 되지 못하게 할 것이요 네가 네 하나님의 율법을 잊었으니 나도 네 자녀들을 잊어버리리라 호 4:6

진정으로 하나님과 교제하며 하나님을 따라가는 하나님을 아는 지식, 믿음의 분량이 있어야 한다. 의인은 믿음으로 사는 것이다. 지금 나의 지식이 세상의 지식, 세상의 강함과 불의로 가득 차 있지는 않은지 자신을 한번 점검해보아야 한다.

하나님을 몰라 낙망하고 불평하고 포기하는 것이 아니라 나를 가장 잘 아시고 나의 부족함을 온전히 채워주시는 하나님을 아는 기쁨을 누리도록, 그 하나님을 바라보며 믿음으로 승리하는 의인의 길을 가도록 도와달라고 구해야 한다.

하나님의 **안목**

바둑이나 장기를 둘 때 옆에서 훈수(訓手)를 두는 사람이 있다. 그 사람이 바둑이나 장기를 직접 두고 있는 사람보다 하수(下手)인데도 수(手)가 보이는 것은 경기를 하는 사람보다는 집착하지 않고 더 넓게 객관적인 시야를 확보해서 보기 때문이다.

우리도 젊었을 때는 아직 시야가 좁다. 집착이 심하다. 혈기가 많다. 한 가지만 알고 그것이 다라고 생각한다. 이런 우리의 시야는 좀 더 넓어져야 한다. 시야가 넓어지려면 나이가 먹고 어느 정도 시간이 흘러야 한다. 하지만 나이를 먹는다고 해도 바뀌지 않는 사람이 있다. 그 사람의 특징은 자기중심적이라는 것이다. 그런 사람은 절대 안 바뀐다. 그 사람은 평생 자기 시야로 본다. 시야가 바뀌려면 자신의 안목에서 벗어나야 한다. 그래야만 넓게 볼 수 있다.

내가 인생을 통해 하나님께 배운 것은 내가 보는 안목이 아닌 하나님이 보는 안목으로 보기 시작했다는 것이다. 어린아이가 보는 눈과 어른이 보는 눈은 다르다. 하나님은 하나님이 보시는 세계가 있다. 그리스도인이 하나님의 눈으로 보는 것을 배우지 않는다면 세상 속에서 세상 사람들과 똑같이 살아갈 것이다.

많은 사람들이 세상이 불의하다고 하고 세상에 문제가 있다고 하지만 정작 그 속으로 깊이 들어가보면 그 사람이 진짜로 세상의 불의에 분노하는 것이 아니라 자기 뜻대로 되지 않기 때문에, 이해타산 때문에 분노한다는 것을 알게 된다.

한번은 믿지 않는 친구를 만났는데 그가 내게 이렇게 말했다.

"야, 하나님이 어디 계시니? 하나님이 있다면 어떻게 저렇게 불의한 자를 살려두니?"

내가 대답했다.

"그래? 하나님께서 불의한 자를 다 죽여야 정당한 거야? 그래야 하나님이 살아 계신 거니? 그럼 너의 조상들 중에는 단 한 명도 불의한 자가 없었니? 너는 자신할 수 있니? 너의 아버지, 너의 할아버지, 너의 증조부, 너의 고조부께서 한 치의 불의함도 없고 온 집안이 깨끗했니? 너희 조상 중에 단 한 명이라도 불의했기 때문에 목숨을 잃었다면 너는 아예 태어나지도 못했어. 하나님의 넉넉하심과 자비하심을 함부로 우습게 여기지 마. 하나님은 우리와는 다른 관점, 다른 차원의 마음으로 이 세계를 이끌어 가고 계셔."

나 vs **하나님**

출애굽기 3장과 4장에는 하나님께서 모세를 부르시는 장면이 나온다. 이 장면이 꽤 길다. 왜냐하면 하나님께서 모세를 바로에게 보내어 이스라엘 백성을 애굽에서 이끌어내게 하시겠다고 하는데 모세가 말을 안 듣기 때문이다. 상대가 말을 안 들으면 말이 길어지게 되어 있다.

"내가(모세) 누구이기에 갑니까?"

"내가(하나님) 반드시 너와 함께 있겠다."

"내게 그의 이름이 무엇이냐고 물으면 내가 뭐라고 대답해야 합니까?"

"스스로 있는 자가 보내셨다 하라."

"나를 믿지 않고 내 말을 듣지 않으면 어떻게 합니까?"

"너의 말과 표징을 믿지 않아도 나의 표징은 믿을 것이다."

"나는 말을 잘하지 못합니다."

"잘 안다. 내가 너를 지었다. 네가 할 말을 가르쳐주겠다."

"보낼 만한 자를 보내십시오."

"말 잘하는 너의 형 아론이 이미 너를 만나러 오고 있다."

모세가 하나님의 부르심에 어떻게 말하는지 또 하나님이 어떻게 말씀하시는지 보면, 시종일관 '나'(모세)와 '하나님'이 대치된다는 것을 알 수 있다. 신앙이 자라지 않는 이유, 세상 사람들이 불평하는 이유는 다 자기중심성 때문이다. 하나님 쪽을 보지 않는 것이다. 모세와 같이 하나님 앞에 섰을 때조차 자기중심에서 이야기하는 것이다. 그러나 신앙의 시야가 넓어지려면 내가 아니라 하나님 쪽을 보기 시작해야 한다.

넷째 **재앙**

우리는 내 앞에 계신 분이 누구인지 알아야 한다. 그분이 누구이신지 인식하기만 해도 함부로 말을 못한다. 우리의 태도와 자세가 달라진다. 그것이 권세이다.

> 주께서는 눈이 정결하시므로 악을 차마 보지 못하시며 패역을 차마 보지 못하시거늘 어찌하여 거짓된 자들을 방관하시며 악인이 자기보다 의로운 사람을 삼키는데도 잠잠하시나이까 주께서 어찌하여 사람을 바다의 고기 같게 하시며 다스리는 자 없는 벌레 같게 하시나이까 그가 낚시로 모두 낚으며 그물로 잡으며 투망으로 모으고 그리고는 기뻐하고 즐거워하여 그물에 제사하며 투망 앞에 분향하오니 이는 그것을 힘입어 소득이 풍부하고 먹을 것이 풍성하게 됨이니이다
> 합 1:13-16

하박국은 자신이 하나님 앞에 있다는 것을 놓치고, 하나님이 어떤 자들을 사용하여 유다를 징계하려 하시는지 설명했다. 그러나 하나님께서는 그들의 죄를 하박국보다 더 자세히 알고 계신다. 더 나아가 그들에게 내릴 다섯 가지 재앙에 대해서 조목조목 말씀하신다.

이웃에게 술을 마시게 하되 자기의 분노를 더하여 그에게 취하게 하고 그 하체를 드러내려 하는 자에게 화 있을진저 네게 영광이 아니요 수치가 가득한즉 너도 마시고 너의 할례 받지 아니한 것을 드러내라 여호와의 오른손의 잔이 네게로 돌아올 것이라 더러운 욕이 네 영

광을 가리리라 이는 네가 레바논에 강포를 행한 것과 짐승을 죽인 것 곧 사람의 피를 흘리며 땅과 성읍과 그 안의 모든 주민에게 강포를 행한 것이 네게로 돌아오리라 합 2:15-17

넷째 재앙은 술 취하게 하고 강포를 행하는 자가 받는 재앙이다.
14절, "물이 바다를 덮음 같이 여호와의 영광을 인정하는 것이 세상에 가득함이니라"에서 바다를 덮는 물의 위력을 한번 생각해보라. 물이 바다를 덮은 적이 있다. 바로 노아의 홍수 때다. 그만큼 하나님의 영광이 대단하다는 것이다. 그런데 16절에 "더러운 욕이 네 영광을 가리리라"는 말씀은 바벨론이 누렸던 영광을 전부 가릴 만한 더러운 치욕을 당하게 될 것이라는 의미이다. 17절, 바벨론이 이스라엘뿐만 아니라 그 주변 국가들을 황폐하게 한 죄, 그 땅과 성읍, 사람과 짐승에게 강포를 행한 것이 그대로 바벨론에게 돌아갈 것을 말씀하신다.

다섯째 **재앙**

새긴 우상은 그 새겨 만든 자에게 무엇이 유익하겠느냐 부어 만든 우상은 거짓 스승이라 만든 자가 이 말하지 못하는 우상을 의지하니 무엇이 유익하겠느냐 나무에게 깨라 하며 말하지 못하는 돌에게 일어나라 하는 자에게 화 있을진저 그것이 교훈을 베풀겠느냐 보라 이는 금과 은으로 입힌 것인즉 그 속에는 생기가 도무지 없느니라 오직 여호와는 그 성전에 계시니 온 땅은 그 앞에서 잠잠할지니라 하시니라
합 2:18-20

하나님은 정확히 말씀하셨다. 새긴 우상, 부어 만든 우상, 나무, 말하지 못하는 돌, 금과 은으로 입힌 것을 만든 자에게 화가 있다고 하신다. 우상이 무엇인가? 우상은 진짜 따로 존재하는 신(神)을 의미하는 것이 아니다.

너는 자기를 위하여 새긴 우상을 만들지 말고 위로 하늘에 있는 것이나 아래로 땅에 있는 것이나 땅 밑 물 속에 있는 것의 어떤 형상도 만들지 말며 그것들에게 절하지 말며 그것들을 섬기지 말라 나 네 하나님 여호와는 질투하는 하나님인즉 나를 미워하는 자의 죄를 갚되 아버지로부터 아들에게로 삼사 대까지 이르게 하거니와 신 5:8,9

우상은 자기를 위하여 만드는 것이다. 자기 뜻을 정당화시키는 것이 바로 우상이다. 그 형상 안에 자기 것을 집어넣는다. 멕시코에 갔을 때 그곳에 흑인 마리아를 모시는 성당이 있었다. 그곳에서는 백인 마리아보다 이 흑인 마리아를 더 신성시했다. 흑인 마리아 앞에서 기도를 하면 기도 응답이 빠르다는 말까지 있었다. 하지만 마

리아는 그냥 마리아다. 그러나 그것이 형상화될 때 백인 마리아가 되기도 하고 흑인 마리아가 되기도 한다.

영화를 봐도 예수님은 꼭 긴 머리에 오뚝한 코, 그윽한 눈매를 가진 분으로 나온다. 자기가 보고 싶어 하는 예수님을 만들고 우리가 생각하는 것을 투영하기 때문이다. 신의 이름으로 자기 뜻을 담아 정당화시키는 것이 바로 우상이다. 따라서 어떤 모양도 만들지 말라고 하시는 것이다.

더 더 **알자**

우리는 하나님의 역사와 운행과 섭리를 미처 다 보지 못하고 있다. 하나님의 백성이 하나님을 바라보지 못한다면 실족하고 만다. 모세처럼 자기를 볼 때 무너진다. 하나님을 바라보지 못할 때 우리는 잠잠할 수가 없다. 하나님을 모르니까 교만하고 하나님을 모르니까 자기 뜻대로 함부로 말한다.

그러나 신앙이 자라면 변한다.

"하나님, 쟤가 문제예요" 하다가도 '나도 문젠데…' 하게 되고, "하나님, 어떻게 이러실 수 있어요?" 하다가 '아, 하나님이 일하실 텐데…'라고 하게 된다. 내가 붙잡고 원망하던 것이 하나하나 사라져 간다. 왜냐하면 하나님이 살아 계시고 역사하시는 것을 알기 때문이다.

비록 지금 내가 억울해도 그것을 하나님이 다 아시고, 역사의 끝에 공의의 하나님께서 반드시 심판하시고, 하나님나라에 갔을 때 내가 걸어온 인생의 길을 하나님께서 인정해주시고, 내가 세상과 사람들을 보고 실족할 뻔하다가도 하나님을 바라보고 믿음으로 살아왔기 때문이다.

우리는 진짜 하나님을 알아야 한다.

Chapter 08
분명한 하나님
한 분만 바라본다

하박국서는 장이 흘러가면서 하나의 반전을 맞는다. 하박국이 1장에서 하나님 앞에 탄식했다면 2장에서는 주님과 대화하기 시작하고, 마침내 3장에 이르러서는 하나님을 노래하기 시작한다.

시기오놋에 맞춘 선지자 하박국의 기도라 합 3:1

'시기오놋'이란 단어는 성경에 오직 이곳에서만 사용되는데, 그 의미는 정확하지 않다. 분명한 것은 하박국의 탄식과 불평으로 시작된 하박국서 1장이 애가(哀歌)의 형식을 띠었다가 지금은 노래로 바뀌었다는 것이다.

사실 하박국의 상황은 아무것도 변하지 않았다. 하나님께서 바벨론의 악을 다 보고 아시며 바벨론이 그들의 죄로 인해 심판을 받게 되는 것은 맞다. 그러나 바벨론을 심판하시기 이전에 그 바벨론을 들어서 유다를 심판하실 것이며 유다는 곧 멸망하기 직전인 것 역시 틀림없다.

그런데 어떻게 하박국이 노래할 수 있는가?

하나님의 뜻대로 가고 있다면 **형통하다**

우리가 하나님을 노래할 수 없고 하나님을 바라볼 수 없는 가장 큰 이유가 무엇인가? 우리의 상황은 여전히 변함이 없다. 여전히 어려운 상황 가운데 있다.

요셉은 17세의 나이에 형들에게 노예로 팔려 애굽으로 끌려가는 신세가 된다. 그동안 아버지의 사랑을 듬뿍 받다가, 다른 누구도 아닌 형들에 의해 노예로 팔리게 되었다면 그것은 누가 보아도 분노할 만한 상황이다. 그런데 성경은 하나님이 요셉과 함께하시므로 그가 형통한 자가 되었다고 한다. 솔직히 형통하게 하시려면 팔려 가지 않도록 해주셔야 하는 게 아닌가.

> 여호와께서 요셉과 함께하시므로 그가 형통한 자가 되어 그의 주인 애굽 사람의 집에 있으니 창 39:2

또 그가 형통한 자라면 애굽에 끌려갔을 때부터라도 일이 잘되어야 하는데, 형통한 요셉은 보디발의 아내의 모함으로 감옥에 들어가게 되고 그것도 모자라 감옥의 온갖 일을 다 하게 된다. 요셉의 상황은 계속 하강하고 있다. "여호와께서 그를 범사에 형통하게 하셨더라"(창 39:23)는 말씀은 이해가 되지 않는다. 그런데도 창세기 39장의 원리는 '형통'이다.

그렇다. 요셉의 외형적인 상황은 바뀌었다. 하지만 본질적인 상황은 바뀌지 않았다. 이것이 하나님이 말씀하시는 형통이다. 하나님의 뜻대로 가고 있으니 형통하다는 것이 바로 그의 본질적인 상황이다. 하박국도 마찬가지다. 상황은 하나도 변하지 않았지만 하박국이 요셉처럼 깨달은 것이 있었다는 것이다.

신앙생활 하면서 가장 어려운 일이 무엇인가? 자신은 하나님의 뜻대로 열심히 살았다. 주의 이름으로 선지자 노릇을 하고, 주의 이름으로 귀신을 쫓아내고, 주의 이름으로 많은 권능을 행하고 주님 앞에 섰는데 "이 불법을 행한 자야, 떠나가라" 이런 말을 듣는 일이다. 도대체 어떻게 해야 하나님 편에 설 수 있을까? 어떤 것이 주님의 뜻일까?

베드로가 "주는 그리스도시요 살아 계신 하나님의 아들이시니이다"라고 고백한 후, 예수님은 자신이 고난과 죽임을 당하고 다시 살아나실 것을 말씀하셨다. 그러자 베드로는 진심으로 주님을 위해 다음과 같이 말했다.

"주여 그리 마옵소서 이 일이 결코 주께 미치지 아니하리이다"(마 16:22).

그러자 예수께서 베드로에게 말씀하신다.

"사탄아 내 뒤로 물러가라"(마 16:23).

우리가 교회에서 열심히 봉사하고 주님을 바라본다. 진짜 열심히 교회를 위해 일한다. 그런데 그렇다 하더라도 사탄일 수 있다는 것이다. 신앙생활에서 가장 중요한 것은 자기 열심과 진심이 아니다. 베드로는 지금 하나님의 말씀이신 예수님, 만왕의 왕이요 창조주이신 예수님의 말씀이 아닌 자신의 열심과 진심을 기준으로 말하고 있다. 그것은 곧 예수님과 반대편에 서는 것이다. 주의 뜻이 아니다.

하나님은 분명히 선악과를 먹지 말라고 말씀하셨다. 그것을 먹으면 반드시 죽는다고 말씀하셨다. 이 하나님의 말씀이 기준이다. 그런데 말씀을 어기고 먹음직스러운 그 나무의 열매를 따 먹는 것, 말씀을 어기고 자신의 안목, 자신의 경험대로 하는 것이 바로 죄다. 신앙생활에서 중요한 것은 내 열심과 진심이 아닌 하나님의 말씀이다.

하나님 **경외함**

하박국이 하나님 앞에 서 있다. 하나님을 바라보고 있다. 기도하고 있다. 그러나 하나님을 바라보면서 여전히 자기 생각을 붙잡고 있다. 자기 문제, 자기 것으로 가득 차 있으면 자기 말을 하기에 바쁘다. 상대가 보이지 않는다.
그럴 때 하나님께서 이렇게 말씀하신다.

> 오직 여호와는 그 성전에 계시니 온 땅은 그 앞에서 잠잠할지니라 하시니라 합 2:20

하박국이 입을 다무는 순간 하나님이 보인 것이다. 감히 누가 하나님과 변론할 수 있는가? 감히 누가 하나님의 섭리를 알까? 자기가 옳다는 인생 70,80년의 안목 정도로 보는 것이 아니라 하나님의 안목으로 보아야 한다. 그러면 하나님의 광대하심이 보인다. 하나님의 광대하심을 볼 때 그 앞에서 아무 말도 할 수 없게 되는 것이다.
하박국서 3장은 이렇게 시작한다.

> 여호와여 내가 주께 대한 소문을 듣고 놀랐나이다 여호와여 주는 주의 일을 이 수년 내에 부흥하게 하옵소서 이 수년 내에 나타내시옵소서 진노 중에라도 긍휼을 잊지 마옵소서 합 3:2

하박국이 "여호와여 내가 주께 대한 소문을 듣고 놀랐나이다"라고 말한다. 이때 '소문'이라는 단어는 '명성'으로 바꾸는 것이 좋다. "내가 하나님의 명성을 듣고 놀랐습니다."
그가 하나님의 명성을 듣고 '내가 틀렸나 보다' 이런 생각이 든 것이다. 그런데 '놀라다'라는 단어는 1장 5절에 나온 적이 있다. 바로 하나님께서 하박국의 탄식에 첫 번째로 응답하셨을 때다.

"너희는 여러 나라를 보고 또 보고 놀라고 또 놀랄지어다."

하박국서 3장 2절로 이어진 이 '놀라다'라는 말은 단순히 놀라는 것이 아니라 "경외하다", "두려워하다"라는 의미를 가진다. 하박국이 하나님의 명성을 듣는 순간 하나님을 두려워하게 되었다. 하나님을 경외하게 되었다는 것이다.

> 여호와를 경외하는 것이 지식의 근본이거늘 미련한 자는 지혜와 훈계를 멸시하느니라 잠 1:7

> 여호와를 경외하는 것이 지혜의 근본이요 거룩하신 자를 아는 것이 명철이니라 잠 9:10

구약성경을 보면 역사서에서 이스라엘의 멸망을 다루고 에스라, 느헤미야, 에스더서에서 다시 성전이 회복되는 역사를 다룬다. 그런데 이어서 욥기, 시편, 잠언, 전도서와 같은 성문서가 나오는 의미는 무엇일까?

멸망한 이스라엘 가운데 예수 그리스도께서 다시 오실 때까지 그들이 회복해야 할 것은 '하나님 경외함'이었다. 세상은 헛되며 하나님을 모르기 때문에 망한다. 오직 하나님을 아는 것이 지식과 지혜의 근본이라는 것이다.

그런데 하나님을 경외하는 지식과 지혜는 하나님을 만난 사람, 하나님을 체험한 사람만이 갖게 된다. 하박국은 지금 하나님을 보고 그분의 명성을 듣고 하나님을 체험하면서 하나님을 경외하게 되었다. 그의 마인드가 바뀌었다. 물론 그의 상황은 바뀌지 않았다. 하지만 하나님이 이끌고 만들어 오신 이스라엘의 역사, 그 한가운데에서 역사하신 하나님을 알게 되면서 그의 내면이 바뀌었다.

분명한 하나님을 **아는 믿음**

하박국서 3장 2절을 쉬운성경으로 보자.

> 여호와여, 내가 주의 명성을 들었으며, 주께서 하신 일을 보고 놀랐습니다. 여호와여, 우리 시대에 주의 놀라운 일을 다시 행하여주십시오. 우리 시대에 그런 일이 다시 일어나게 해주십시오. 주께서 노하셨을 때에도 잊지 마시고 자비를 베풀어주십시오. 합 3:2

이제 하박국은 이 시대에도 주(主)의 명성에 걸맞은 일들이 일어나길 기대한다고 말한다. 하나님의 일하심을 보고 하나님을 알게 되자, 하나님이 계시지 않는 것 같다고 하던 그의 마인드가 변하여 자기 시대에도 그 하나님의 일이 나타나기를 고대하기 시작했다.

우리가 기도하는 이유가 무엇인가? 우리가 하나님 앞에 나와 예배하는 이유, 신앙생활 하는 이유가 무엇인가? 주의 일을 부흥케 하기 위해서인가, 자신의 일을 부흥케 하기 위해서인가? 우리가 하나님을 노래하지 못하고 회복되지 못하는 것은 정말 하나님이 계시지 않아서인가, 내가 하나님을 바라보지 않아서인가? 하나님의 방법을 좇고 있는가, 하나님을 주장하고 있는가? 정직하게 점검해봐야 한다.

하박국의 시대에 주의 일이 무엇으로 나타났는가? 바로 유다의 멸망이었다. 모세가 애굽에서 이스라엘 백성을 이끌고 나올 때 이스라엘이 멸망할 것을 알았을까? 갈렙과 여호수아가 가나안 땅을 정복해갔을 때 이스라엘이 멸망할 것을 알았을까? 다윗은 통일왕국이 분열되고 유다가 멸망할 것을 알았을까? 그렇지 않다. 하지만 멸망해서 주의 일을 나타낸다면 멸망하는 것이 맞다.

믿음은 우리가 다 알고 이해하는 것을 말하는 것이 아니다. 우리가 다 알고 이해하는 것은 우리의 안목이다. 믿음은 나에게 보이지 않아도 살아 계신 하나님이 분명히 우리를 이끌어 가실 것을 아는 것, 그 안에 있는 것이다. 세상에서 분명한 것이 무엇이 있는가? 장담할 수 있는 것은 아무것도 없다. 오직 하나님 한 분만이 분명하다.

분명한 하나님을 알기에 그분을 붙잡는 것이 믿음이다. 생명과 주권과 멸망과 성공이 하나님께 달렸다는 것을 알고 그분의 분명함 때문에 살아가는 것이다. 이 믿음이 있을 때 우리는 자신이 이해할 수 없는 길도 갈 수 있다.

하나님이 쓰고 싶은 **반전 스토리**

영적 전투는 하루의 싸움이다. 사탄은 단 하루만 망친다. 오늘 하루를 계속 망치면 인생 전체를 망칠 수 있기 때문이다. 그래서 우리는 하루를 싸워야 한다. 우리가 하루의 문제, 하루의 고난, 하루의 비극을 겪지만 무너지지 않고 이겨낼 수 있는 것은 그것이 분명한 것이 아니며 그것으로 죽지 않는다는 것을 알기 때문이다. 분명한 하나님 안에 내 인생이 있다는 것을 알기 때문이다. 그 하나님을 바라보며 참고 견디는 것, 그 믿음으로 살기 때문이다.

하박국의 상황은 하나도 변하지 않았다. 그러나 그는 분명하신 하나님을 보았다. 지금까지 이스라엘 백성을 이끌어 오신 살아 계신 하나님을 보았다. 그 하나님의 명성을 듣고 하나님을 경외함으로 노래하기 시작한다. 인생을 살면서 우리가 비록 어렵고 이해하지 못할 만한 상황을 만나더라도 그것을 통해 하나님의 일하심을 나타낼 수 있다면, 그 역시 우리의 소망이 된다고 고백한다.

3장 2절에 이런 표현이 나온다.

"진노 중에라도 긍휼을 잊지 마옵소서."

주의 일을 나타내시되 그 하나님의 나타내심이 반드시 우리가 좋은 편으로 나타나지 않을 그때, 진노 중에라도 긍휼을 베풀어달라고 하나님께 구한다. 왜냐하면 유다의 멸망을 목전에 두고 있기 때문이다. 긍휼은 '자궁'이라는 단어에서 유래했다. 그러니까 이스라엘을 배 속부터 품었다가 낳은 어머니의 마음을 기억해달라는 것이다.

다시 말해 하나님께서 자녀를 보호하시면 환난과 고난 가운데서도 죽지 않고 망하지 않는다는 것을 아는 것이다. 그것이 신앙이다.

선악(善惡) 구조가 분명한 영화를 보면 악당이 착한 주인공을 끝까지 괴롭히다가 결국 죽는다. 물론 착한 주인공이 이기기 원하지만 영화가 시작되자마자 악당이 금세 죽어버리는 황당한 전개는 거의 없다. 주인공이 죽을 뻔하다가 간신히 살아나면 다시 악당이 나타나서 괴롭히고, 주인공은 다시 벼랑 끝으로 몰려 고통당하는 구조가 계속된다. 그러나 관객은 이런 반전의 스토리 속에서 영화 중간에는 분명히 주인공이 죽지 않으리라는 것을 알고 있다.

하나님은 우리를 통해 믿음의 스토리를 써나가고 싶어 하신다. 우리가 단순히 이 땅에서 편하게 잘 살다가 삶을 마감하는 것이 아니라, 어렵고 힘들어도 분명한 하나님을 붙들고 나아가길 원하신다. 반전이 있는 스토리를 만들어 가길 원하신다.

지금 당장 유다가 망할 것 같지만 안 망한다. 요셉이 계속 추락하는 것 같아도 하나님의 뜻은 이루어지고 있다. 지금 우리가 해야 할 일은 확실하고 분명한 하나님을 바라보는 것이다. 그래야만 믿음의 길을 갈 수 있다. 우리의 인생 스토리가 주님의 역사를 드러내는 삶이 되는 그 믿음의 길을 가라.

3 PART

하박국,
임재와 찬양

Chapter 09
하나님의 임재를 경험하라

나는 요즘 사람의 신념이 참 무섭다는 것을 다시 느낀다. 특별히 이단(異端)이 가진 신념은 정말 무섭다. 사상교육을 강조하는 운동권의 신념 또한 좀처럼 깨지지 않는다. 신념은 사람을 무섭게 돌변하게 만든다.

그렇다면 어떻게 해야 그 신념이 깨질 수 있을까?

인생을 변화시키는 하나님의 나타나심

성경에도 신념이 대단했던 인물이 나온다. 바로 사울이다. 그는 예수 믿는 사람을 모조리 잡아들이겠다고 살기등등하게 다메섹으로 향했던 바울이다. 신념이 강한 바울은 스데반의 죽음 역시 마땅히 여겼던 사람이다. 하지만 다메섹으로 가는 도상에서 그는 예수님을 만났다. 하나님의 현현(顯現) 그리고 임재를 경험한 것이다.

사람은 하나님을 만나지 못할 때 자기 의와 신념으로 살아가게 되어 있다. 기독교가 아닌 어떤 종교나 많은 이단에도 종교적 신념은 있다. 사랑, 자비, 선, 구원, 영생이 있다. 겉보기에 다르지 않을지도 모른다. 그러나 명백하게 다른 것이 딱 한 가지 있다. 바로 예수님의 살아 계심, 그분과의 만남이다.

"살아 계신 예수님을 믿는가?"

불교는 정말 합리적인 종교인 것 같다. 많은 것들을 설명해준다. 하지만 기독교는 합리적으로 보이지 않을 때가 많다. 아니 합리성을 초월한다. 우리의 생각을 넘어선다. 딱 한 번밖에 없는 인생인데 왜 내가 이런 환경에서 태어났는지, 왜 이런 어려움을 겪는지 우리의 생각으로는 절대 이해할 수 없다.

그러나 살아 계신 하나님을 만나면 지금 자신이 가진 악조건이 더 이상 악조건이 아닌 게 된다. 지금 자신이 원망하거나 불평하거나 괴로운 것도 그것 그대로 끝나지 않는다는 것을 알게 된다.

신약성경의 서신서 대부분을 쓴 위대한 사도가 바울이라면, 모세는 구약성경을 대표하는 모세오경을 기록하여 구약성경의 근간을 정립했다. 그러나 모세는 80세가 되도록 장인의 양 떼를 치며 광야에서 살아갔다. 그는 아무런 소망도, 힘도 없는 늙은이에 불과했다. 그 모세가 시내 산에서 불에 타지 않는 떨기나무 불꽃 가운데서 하나님의 임재를 경험했고, 그러면서 그의 인생이 변화되었다. 광야에 살면서 자신의 아들에게 할례도 행하지 못한 연약한 모세가 이스라엘을 구원하는 자로 바뀐 것이다.

지금 하박국의 상황은 아무것도 바뀌지 않았다. 바벨론을 통해 유다를 심판하시는 하나님의 뜻도 바뀌지 않았다. 환난은 다가오고 있다. 그러나 아무것도 변한 것이 없어도 하박국은 하나님의 임재와 현현을 경험한 순간 노래할 수 있었다.

어떤 하나님이신가?

하박국의 노래는 하나님으로부터 시작된다. 첫 번째로 하나님의 임재와 현현을 노래한다.

하나님이 데만에서부터 오시며 거룩한 자가 바란 산에서부터 오시는도다 (셀라) 그의 영광이 하늘을 덮었고 그의 찬송이 세계에 가득하도다 그의 광명이 햇빛 같고 광선이 그의 손에서 나오니 그의 권능이 그 속에 감추어졌도다 역병이 그 앞에서 행하며 불덩이가 그의 발밑에서 나오는도다 그가 서신즉 땅이 진동하며 그가 보신즉 여러 나라가 전율하며 영원한 산이 무너지며 무궁한 작은 산이 엎드러지나니 그의 행하심이 예로부터 그러하시도다 내가 본즉 구산의 장막이 환난을 당하고 미디안 땅의 휘장이 흔들리는도다 합 3:3-7

하박국은 '데만에서부터, 바란 산에서부터', '광명이, 광선이', '역병이, 불덩이가', '그가 서신즉, 그가 보신즉', '구산의 장막, 미디안 땅의 휘장'처럼 반복 구조를 통해 강조하면서 하나님의 임재를 노래하고 있다. 그렇다면 이 노래가 어떤 내용인가?

계속해서 강조되고 있는 3절, 데만과 바란 산의 의미는 무엇인가? 데만은 예루살렘을 중심으로 한 남쪽 지역으로 시내 산과 인접해 있다. 시내 산은 하나님께서 모세에게 나타나신 산이자 하나님께서 이스라엘 백성들에게 율법을 주신 하나님의 임재의 장소이다. 다시 말해 데만은 시내 산을 염두에 둔 표현이다.

바란 산 역시 마찬가지다.

> 하나님의 사람 모세가 죽기 전에 이스라엘 자손을 위하여 축복함이 이러하니라 그가 일렀으되 여호와께서 시내 산에서 오시고 세일 산에서 일어나시고 바란 산에서 비추시고 일만 성도 가운데에 강림하셨고 그의 오른손에는 그들을 위해 번쩍이는 불이 있도다 신 33:1,2

바란 산은 시내 산과 가데스바네아 사이에 위치해 있다. 하나님은 시내 산에서 오시고 세일 산에서 떠오르시고 바란 산에서 자신의 백성들을 비추신다. 그들 가운데 강림하신 하나님의 오른손에는 번쩍이는 불이 있다. 이곳은 하나님의 임재의 장소이다.

하나님은 이스라엘 백성을 선민(選民)으로 삼으시고 그들과 언약을 맺으셨다. 하박국은 하나님과의 언약을 어길 때 저주를 받고 언약의 말씀을 지킬 때 복을 받는다는 것을 잘 알았다. 그렇기 때문에 유다가 하나님의 말씀을 어겨 하나님으로부터 징계받는 것을 알았다. 또한 하박국은 하나님께서 한 번 선택한 백성들을 끝까지 보호하신다는 것을 알았다. 때로는 징벌하시기도 하지만 출애굽부터 지금까지 이끌어 오신 하나님께서 지금도 하나님의 역사를 이끄시며 함께하시는 것을 고백한다.

  이 고백은 단순한 고백을 넘어서 그가 하나님의 임재를 경험하고 있음을 알려준다. 하나님의 임재를 경험하면서 하박국은 회복되었고 또 알게 되었다. 비록 유다가 망할지라도 진짜 망하는 것이 아니며 바벨론은 하나님께서 심판하실 것이라는 사실을.

우리를 도우러 오시는 **능력의 하나님**

그의 광명이 햇빛 같고 광선이 그의 손에서 나오니 그의 권능이 그 속에 감추어졌도다 합 3:4

아름답고 찬란한 광명이 햇빛 같고, 광선이 그의 손에서 나온다. 이때 '광선'은 출애굽기 34장에 하나님과 대면하고 내려온 모세의 얼굴에서 난 '광채'와 같은 의미다.

모세가 그 증거의 두 판을 모세의 손에 들고 시내 산에서 내려오니 그 산에서 내려올 때에 모세는 자기가 여호와와 말하였음으로 말미암아 얼굴 피부에 광채가 나나 깨닫지 못하였더라 출 34:29

이렇게 여호와를 만나면 얼굴에 광채가 난다. '광선'의 또 다른 표현이 출애굽기에 나온다.

너는 조각목으로 길이가 다섯 규빗, 너비가 다섯 규빗의 제단을 만들되 네모 반듯하게 하며 높이는 삼 규빗으로 하고 그 네 모퉁이 위에 뿔을 만들되 그 뿔이 그것에 이어지게 하고 그 제단을 놋으로 싸고 출 27:1,2

조각목으로 만든 제단 모퉁이 위에 만든 '뿔'이 원어로 '광선'과 같은 단어다. '광선'과 '뿔'은 히브리인들에게 신성한 능력을 상징하는 단어로 쓰였다. 하나님의 임재는 중요하다. 하지만 임재하신 하나님이 어떤 분인지는 더 중요하다. 그 하나님은 광명과 광선으로, 즉 하나님의 능력으로 임하셨다.

하박국은 바벨론의 힘을 봤다. 유다는 그 앞에서 떨고 있다. 그만큼 바벨론은 너무나 포악한 나라였다. 그런데 하박국이 그 바벨론보다 더 강한 하나님의 힘을 보았다. 그는 그 하나님의 임재와 하나님의 능력을 찬양한다.

역병이 그 앞에서 행하며 불덩이가 그의 발밑에서 나오는도다 합 3:5

역병은 전염병이다. 전염병은 고대로부터 신(神)이 내린 재앙이라고 생각했다. 실제로 하나님께서 징벌을 내리셔서 전염병이 퍼져 많은 사람이 목숨을 잃기도 했다. 이렇듯 하나님께서 질병을 통해 심판하셨다는 것은 그분에게서 능력이 나올 뿐만 아니라 전쟁을 통해 실제적으로 그 능력을 사용하실 수 있다는 의미도 된다. 하나님은 막연하신 분이 아니라 역사 한가운데 계시는 분이다.

인간의 역사 속으로 **침투해 들어오시는 하나님**

그가 서신즉 땅이 진동하며 그가 보신즉 여러 나라가 전율하며 영원한 산이 무너지며 무궁한 작은 산이 엎드러지나니 그의 행하심이 예로부터 그러하시도다 합 3:6

고대 근동의 사람들은 산과 언덕이 하늘을 떠받치는 기둥이라고 여겼다. 그런데 그 산이 무너지고 언덕이 주저앉는다면 세상의 기반이 무너지는 것이다. 다시 말해 세상에 영원할 것만 같던 바벨론의 막강한 권력도 하나님이 임재하실 때 무너진다는 뜻이다. 세상에는 영원한 것이 없다. 세상 나라와 권력과 부와 명예도 "하나님이 서시고 그가 보실 때" 무너져 내린다.

> 내가 바로와 그의 병거와 마병으로 말미암아 영광을 얻을 때에야 애굽 사람들이 나를 여호와인 줄 알리라 하시더니 이스라엘 진 앞에 가던 하나님의 사자가 그들의 뒤로 옮겨 가매 구름 기둥도 앞에서 그 뒤로 옮겨 애굽 진과 이스라엘 진 사이에 이르러 서니 저쪽에는 구름과 흑암이 있고 이쪽에는 밤이 밝으므로 밤새도록 저쪽이 이쪽에 가까이 못하였더라 출 14:18-20

이스라엘 백성들이 애굽을 탈출할 때, 하나님께서는 그들을 홍해의 광야 길로 이끄셨다. 그 뒤로 바로의 군대가 그들을 다시 노예로 삼기 위해 바짝 쫓아오고 있었다. 그렇다. 그들의 앞에는 홍해가, 뒤에는 바로의 군대가 있었다. 그러자 이스라엘 진을 앞서 인도하던 하나님의 사자가 진 뒤로 옮겨가 이스라엘 진과 애굽 진 사이에 이르러 "섰다."

하나님의 사자가 진 뒤로 옮겨가자 구름 기둥도 따라서 진 뒤로 가서 이스라엘과 애굽의 진 사이를 막아섰다. 따라서 애굽 진영은 구름으로 어둡게 되었고, 이스라엘 진영은 환하게 밝혀주었다. 하나님께서 구름 기둥과 불 기둥을 보내어 이스라엘 백성들의 길을 인도하신 시점이 언제인가? 그들이 애굽 땅을 나와 유월절을 지키고 구원받은 백성이 되었을 때부터 하나님은 낮에는 구름 기둥으로, 밤에는 불 기둥으로 그 백성들을 떠나지 않으셨다.

하박국서 3장 6절에 하나님이 '서신다'는 것은 하나님께서 인간의 역사 현장 가운데 더 구체적으로 간섭하신다는 의미로 사용되었다. 하나님이 서시고 보실 때 어떤 일이 벌어지는가? 세상을 떠받치는 기둥 같고 영원한 것들이 한순간에 멸망한다. 이와 같이 하나님의 현현과 임재는 하나님께서 하나님의 백성을 친히 지키시고 이끌어 가신다는 것을 보여준다.

주님을 붙잡는 **싸움**

이제 하박국이 다음과 같이 고백한다.

내가 본즉 구산의 장막이 환난을 당하고 미디안 땅의 휘장이 흔들리는도다 합 3:7

미디안과 구산 리사다임은 사사 시대에 이스라엘을 가장 괴롭혔던 두 민족이었다. 그런데 구산의 장막이 환난을 당하고 미디안 땅의 휘장이 흔들린다. 장막과 휘장은 영광과 명예를 가리키는데 이것이 모두 날아가버리는 것이다.

예로부터 하나님은 이스라엘의 역사 가운데 이렇게 임재하신 살아 계신 하나님이셨다. 지금 하박국은 그 하나님의 현현과 임재를 경험하고 있다. 하지만 이스라엘을 괴롭혔던 어떤 민족보다 강한 바벨론이 지금 다가오고 있다. 하나님은 그 상황을 바꾸시는 것이 아니라 하나님의 현현과 임재로 강력한 바벨론에게도 꺾이지 않게 만드신다.

> 그의 영광이 하늘을 덮었고 그의 찬송이 세계에 가득하도다 합 3:3

하나님이 임하시면 하나님의 영광이 드러나고 그분을 향한 찬송이 세계에 가득 넘치게 될 것이다. 그분의 힘과 능력이 나타날 것이다.

청소년 바이블 캠프에 강사로 갔을 때, 한 목사님이 캠프 스태프로 섬기는 중3 남자아이에 대한 이야기를 내게 들려주었다. 그 아이는 한 주는 캠프에 참석하느라, 두 주는 캠프의 스태프로 참여하기 위해 총 3주 동안 학원까지 빠지게 되었다. 미리 양해를 구했지만 선생님은 그를 이상하게 쳐다보았다고 한다. 세상적으로 보면 그 아이는 마치 공부를 포기한 학생처럼 보일지도 모르겠다.

그러나 그 아이는 정말 열심히 살아가고 있었다. 그 아이에게는 희귀병에 걸려 8년간 투병하다가 돌아가신 아버지가 있었다. 길고 긴 투병의 고통과 죽음을 앞둔 힘든 시간을 보내면서도 그의 아버지는 아들에게 항상 이런 당부를 잊지 않았다고 한다.

"아빠가 죽더라도 절대 하나님을 원망하지 마라. 나는 괜찮다. 우리 집안의 가장은 내가 아니라 하나님이야. 끝까지 하나님만 바라봐. 그러면 하나님께서 너희를 이끌어 가실 거야. 알았지?"

그는 몸 상태가 조금만 괜찮아도 교회에 나와 예배를 드렸다. 그러다가 갑자기 통증이 심해지면 자신이 고통스러워하는 모습을 보이지 않기 위해 숨어서 예배를 드리곤 했다.

그는 목사님께 이런 기도 부탁을 하곤 했다.

"목사님, 저를 위해 기도해주세요. 저는 죽어도 괜찮아요. 천국에 가니까 괜찮아요. 그런데 혹시 제가 너무 아파서 하나님을 원망할까 봐 걱정이에요. 목사님, 제가 하나님께 불평하지 않도록, 끝까지 하나님을 바라볼 수 있도록 기도해주세요."

그는 고통스럽게 살아가면서도 자녀들에게 하나님의 살아 계심과 함께하심을 이야기하고 생을 마감했다. 그리고 지금 그의 중3 아들은 하나님을 붙잡는 싸움을 하고 있다. 가정 형편까지 어렵고 힘들지만, 그럼에도 불구하고 주님만 붙잡으며 나아가고 있다.

이런 이야기를 들을 때 어떻게 그럴 수 있느냐고 물을 수 있다. 물론 우리의 확신이나 신념으로는 절대 이렇게 살 수 없다. 기독교는 그런 것이 아니다. 이 땅을 살아가는 우리에게는 하나님과의 만남, 하나님의 임재가 반드시 필요하다.

그 누구도 **예외 없다**

하박국은 선지자다. 그는 분명 하나님의 임재를 경험한 사람이다. 하나님의 직통계시를 받는 사람이다. 그런 선지자도 하나님을 놓치고 말았다. 아무리 하나님의 임재와 하나님의 응답을 많이 경험한 사람일지라도 지금 이 순간 하나님을 바라보지 않고 세상을 바라본다면 무너질 수밖에 없다. 견딜 자가 없다.

나도 참 어려운 청년 시절을 보냈다. 누군가 내게 이렇게 물었다.

"목사님, 재정의 연단을 많이 받으셨지요? 혹시 또다시 재정의 어려움이 오면 어떨 것 같으세요? 괜찮으시겠어요?"

"아니요. 괜찮지 않아요."

우리는 이 땅에 묶여 있다. 아무리 신앙이 자라도 재정이 없는데 괜찮을 사람은 없다. 그것은 어쩔 수 없다. 청년 시절, 나 혼자 굶고 힘들 때도 어려웠지만, 지금은 아내와 아이들까지 있으니 재정이 없으면 더 힘들다. 결혼해서 반지하에 살며 둘째가 태어나자마자 교회를 개척했을 때는 "하나님, 아이 우유 값은 주세요"라고 기도했다.

지금도 연단은 어렵고 세상의 환난은 버겁기만 하다. 내가 아무리 연단을 받고, 좀 더 버티는 법을 배우고, 주님을 바라보게 되었다고 해도 그것이 나를 슈퍼맨으로 만드는 것은 아니다. 우리가 예전에 하나님을 바라보았고 하나님을 만났더라도 지금 이 순간 하나님을 바라보지 않으면 무너지고 마는 것이 신앙이다.

하박국은 하나님의 임재를 다시 경험하면서 회복되기 시작했다. 이스라엘의 역사 한가운데 지금도 살아 계시고 역사하시는 하나님의 임재를 경험하게 될 때 살아난다. 우리도 하박국과 똑같은 경험을 할 것이다. 우리에게 신앙이 있다고 해도 싸워야 할 것들이 사라지는 것은 아니다. 지금 이 순간 살아 계신 하나님을 믿고 붙잡아야 한다.

만날 만한 때에 **만나주시는 은혜**

나에게 신앙은 여전히 힘들다. 열심히 50여 년을 달려왔다. 하지만 그 시간은 내가 얼마나 미약한 존재인지, 내가 이루었다고 할 것이 없다는 것을 알게 되고 하나님을 배우게 되는 시간이었다. 갈수록 이 세상과 우리 인생 가운데 역사하시는 하나님, 그 하나님을 붙잡지 않으면 한순간에 날아가버린다는 것을 절실히 깨닫는다.

내가 아이들을 위해 기도할 때마다 중점적으로 드리는 기도가 있다.

"하나님, 하람이 하준이의 인생에서 가장 좋을 때에 하나님을 깊게 만날 수 있도록 해주세요."

다른 것은 없다. 내가 인생에서 발견한 것은 딱 한 가지다. 내가 힘들 때마다 하나님 앞에 무릎을 꿇으면 하나님의 임재를 경험하게 되었다는 것이다. 하나님 아니면 못 살고 주님만 붙잡아야 살 수 있다는 것이다.

그렇기 때문에 우리는 가장 먼저 하나님을 만나야 한다. 하나님의 살아 계심을 체험해야 한다. 하나님의 현현을 목격한다면, 하나님의 능력과 하나님의 역사를 경험한다면 우리는 담대하게 변화된다. 살아 계신 하나님이 우리를 회복시키신다. 우리는 하나님의 임재 안에서 변화된다. 모세처럼 바울처럼 하나님으로 말미암아 변화되는 놀라운 인생을 살기 바란다.

Chapter **10**

이것이 끝은 아니다

　우리가 인생을 살아가면서 환난을 겪지 않을 수는 없다. 최고의 환난을 겪었다고 할 수 있는 욥의 환난을 10으로 친다면 어느 정도의 환난을 견딜 수 있고, 또 어느 정도의 환난에 무너질 것 같은가?
　놀라운 것은, 사람들이 6,7 이상의 환난일 때 넘어질 것 같고, 2,3 정도의 환난일 경우 이 정도면 버티겠다고 말할 것 같은데, 실제로는 그렇지 않다는 것이다. 어떤 사람은 9에도 버티는데 어떤 사람은 1에도 넘어진다. 그러니까 환난의 강도가 문제가 아니라는 말이다. 환난이 찾아왔을 때 우리의 상태가 문제다.
　환난의 세기와 그 어려움을 쉽게 무시할 수 있다는 말은 아니다. 욥처럼 한꺼번에 자녀를 잃고 재산을 잃고 건강을 잃는 것이 어떻게 견디기 쉬운 일이겠는가. 내 인생 속에 이해할 수 없는 일이 벌어졌는데 그것을 쉽게 견뎌낼 사람은 극히 드물다.

우리에게 찾아오는 환난이나 박해가 문제인가, 아니면 환난이나 박해 때문에 우왕좌왕하는 내 속의 문제인가? 우리의 신앙을 점검해 보아야 한다. 우리가 어떤 상황과 문제를 만났을 때 그 상황이 하나님보다 더 크게 느껴지면 우리는 실족하고 만다. 그러나 아무리 어렵고 힘든 환난이 오더라도 그보다 더 크신 하나님을 만나면 그 상황을 잘 견딜 수 있다.

하박국의 상황은 변하지 않았다. 바벨론에 의해 유다가 멸망당할 위기에 처해 있었다. 하나님께 간구하며 나아가도 상황은 여전했다. 그런데 그가 하나님을 만나면서 바뀌기 시작했다. 하박국은 바벨론보다 더 크신 하나님을 본 것이다. 그래서 하나님의 임재를 경험할 수 있었다.

우리의 생각을 **뛰어넘는 하나님**

알렉산더가 전쟁에서 10배나 더 많은 적군과 싸워야 할 때의 일이다. 그는 자신이 이끄는 군대가 두려움으로 크게 위축되어 있는 것을 느꼈다. 그래서 묘안을 하나 생각해냈다. 그는 군사들을 모두 불러 모아놓고 이렇게 말했다.

"이 전쟁에 대한 신의 계시를 묻자. 동전을 던져서 동전의 앞면이 나오면 우리가 승리한다는 계시이고 뒷면이 나오면 패한다는 계시이니 싸울 필요도 없다."

그가 동전을 꺼내어 던졌을 때 동전의 앞면이 나왔다. 마침내 알렉산더와 그의 군대가 전쟁에서 승리했다. 승리의 기쁨에 취한 한 장수가 알렉산더에게 말했다.

"운명이란 참 무섭군요. 이렇게 정확하게 계시가 맞아떨어지다니요."

그러자 알렉산더가 동전을 꺼내어 그에게 주었다. 그 장수는 놀랄 수밖에 없었다. 동전에는 뒷면이 없고 앞면만 있었기 때문이다. 군사들의 사기를 높이기 위해 신이 우리와 함께한다는 신념을 심어 준 것이다.

그러나 신앙은 마인드 컨트롤이 아니다. 우리의 신념으로 될 수 없다. 교회에 와서 좋은 말씀을 듣고 지식과 교훈을 배우는 것도 아니다. 그런 것들은 한순간에 무너진다. 운명과 인생은 우리 손에 달려 있지 않다. 우리 밖에 있고 우리를 넘어서는 사건이다.

기독교는 하나님 한 분을 놓치면 다 놓치는 것이다. 하나님을 모를 때 우리가 어떻게 사는지 보라. 어떻게 하면 자기가 원하는 것을 하고 자기가 원하는 것을 얻을까 하고 사람을 상대로 잔머리를 굴린다. 그러나 하나님을 보고 신앙이 자라면 그때부터 진심이 나오고 상대를 배려하게 되고 아량이 생긴다.

왜냐하면 옳고 그름이나 나의 잔머리 수준을 넘어서 하나님이 하시면 되고 아니면 안 된다는 것을 알게 되기 때문이다. 하나님이 계시기 때문에 나의 상황, 어려움, 내가 받는 오해, 괴로운 사건에도 다 이유가 있다는 것을 받아들이게 되기 때문이다. 스스로 아등바등하지 않고 살게 되기 때문이다.

하나님은 모든 것을 역전시킬 수 있으신 분이다. 모르드개를 죽이려던 하만의 모략이 한순간에 역전되어 도리어 하만이 죽임을 당했다. 하나님이 하신 일이다. 그 하나님이 보이기 시작할 때 우리는 겸손해진다. 이때부터 우리의 신앙이 시작되는 것이다.

이것이 끝이 아니다

하박국서 3장 4절과 6절을 보면 '그의 광명이', '그의 손에서', '그의 권능이', '그가 서신즉', '그가 보신즉', '그의 행하심이'와 같이 하박국은 3인칭 'He'로 하나님을 표현했다. 그런데 8절부터 15절을 보면 '주께서', '주의'와 같이 하나님을 2인칭 'You'로 표현하고 강조하여 묘사한다. 이 하박국의 찬양의 고백을 볼 때 그가 하나님 앞에 섰고, 그가 하나님을 지식이 아닌 살아 계신 하나님으로 경험했다는 것을 알 수 있다.

처음에 하박국은 하나님이 아니라 바벨론을 보았다. 그래서 "왜 기도에 응답하시지 않습니까? 왜 구원하시지 않습니까?"라며 환난과 어려움에 대해서만 이야기했다. 그런 하박국이 변했다. 상황은 아무것도 변화되지 않았다. 여전히 바벨론은 강하고 악하다. 하나님이 바벨론을 통해 유다를 징계하시는 참혹한 역사는 바뀌지 않는다. 그런데 이제 하박국은 그 하나님께서 그대로 끝내지 않으시리라는 것을 알게 되었다.

아이가 어릴 때 길을 가다가 개를 보면 무서워서 떤다. 그리고 얼른 옆에 있는 아빠에게 찰싹 붙는다. 그러면 아빠가 아이를 번쩍 들어서 안아 올린다. 이제 아이가 떨지 않는다. 개가 앞에 있다는 상황은 변하지 않았지만 아빠 품에 있다는 것만으로 아이는 안정감을 느낀다. 아빠를 깊이 의존하는 것이다.

400년 동안이나 애굽의 노예로 살았던 이스라엘 백성을 구원하신 하나님께서 지금도 여전히 일하신다. 그분이 일하실 때 산과 강들마저 떨었다. 지금은 유다가 무너지고 망하는 것 같지만 하나님께서 택한 백성을 절대 망하게 하지 않으신다는 하나님의 일하심과 역사하심과 그분의 임재를 본 하박국은 변했다. 여전히 바벨론이 버티고 있는 상황에서도 하나님을 보는 순간 모든 것이 괜찮아진다. 하박국의 생각이 바뀐다. 그것이 신앙이다.

우리가 하나님을 믿는 것도 마찬가지다. 문제는 우리가 하나님 앞에 있다는 것을 놓치는 것이다. 그러니까 환난을 당할 때 작은 문제 앞에서도 벌벌 떨고 넘어진다. 오해를 받아도 담담하지 못하다. "나는 하나님 앞에 있어. 하나님이 하실 거야! 나는 하나님만 따르고 하나님의 사람으로 살아가면 돼" 하는 여유와 마음이 없어지는 것이다.

하나님이 일하시는 **방법**

유다와 비교할 수 없는 강력한 바벨론을 보던 하박국이 이제는 하나님의 놀라우신 통치를 보기 시작했다. 그때부터 하박국은 노래하기 시작한다. 환난이 다가오는데 어떻게 노래할 수 있는가? 하지만 그는 환난이 환난으로 끝나지 않는다는 것을 알게 되어 이렇게 노래하고 있다.

여호와여 주께서 말을 타시며 구원의 병거를 모시오니 강들을 분히 여기심이니이까 강들을 노여워하심이니이까 바다를 향하여 성내심이니이까 주께서 활을 꺼내시고 화살을 바로 쏘셨나이다 (셀라) 주께서 강들로 땅을 쪼개셨나이다 산들이 주를 보고 흔들리며 창수가 넘치고 바다가 소리를 지르며 손을 높이 들었나이다 날아가는 주의 화살의 빛과 번쩍이는 주의 창의 광채로 말미암아 해와 달이 그 처소에 멈추었나이다 합 3:8-11

하나님은 일하실 때 하나님의 말과 병거를 사용하신다. 말과 병거는 그 당시 최신식 무기다. 도단에 있는 엘리사 한 사람을 잡기 위해 성을 에워싼 아람 군대의 말과 병거에 맞서 하나님의 불말과 불병거가 산에 가득해서 엘리사를 둘러싸고 있는 것을 그의 사환이 보았던 장면을 생각하면 된다.

또한 하박국은 노래하면서 강, 산, 바다를 의인화시키고 있다. 특별한 강들을 언급하기도 하는데, 바로 이스라엘 백성의 역사를 알고 있는 강들이다. 나일 강이 그렇고 홍해가 그렇고 요단 강이 그렇다. 그 강을 통해 일하신 하나님의 역사를 보라는 것이다.

하나님의 임재 앞에 떠는 산과 바다를 보라. 고대 근동에서는 천체를 신격화시키는데, 그 해와 달조차 날아가는 주의 화살의 빛과 번쩍이는 주의 창의 광채로 빛을 잃는다. 하나님의 역사에 순종한다. 하나님은 이렇게 일하시는 분이다. 하나님이 일하시면 산, 강, 바다, 그 어떤 것도 감당하지 못한다.

주께서 노를 발하사 땅을 두르셨으며 분을 내사 여러 나라를 밟으셨나이다 주께서 주의 백성을 구원하시려고, 기름 부음 받은 자를 구원하시려고 나오사 악인의 집의 머리를 치시며 그 기초를 바닥까지 드러내셨나이다 (셀라) 그들이 회오리바람처럼 이르러 나를 흩으려 하며 가만히 가난한 자 삼키기를 즐거워하나 오직 주께서 그들의 전사의 머리를 그들의 창으로 찌르셨나이다 주께서 말을 타시고 바다 곧 큰 물의 파도를 밟으셨나이다 합 3:12-15

하나님은 이스라엘을 위해 진군하신다. 분노하셔서 모든 나라를 밟으셨다. 철저히 부수신다. 왜냐하면 주께서 주의 백성을 구원하시기 위해, 기름 부은 자를 구원하시기 위해 끝까지 일하시는 분이기 때문이다. 기름 부은 자는 선민 이스라엘을 상징할 뿐만 아니라 왕과 선지자, 더 나아가서 메시아를 상징한다. 하나님이 메시아의 나라, 하나님나라의 영광을 위해 결코 바벨론을 그대로 두지 않으신다는 것을 의미한다.

예수님 믿니?

작년에 고3이 된 하람이가 신학교에 진학하겠다고 했을 때, 내가 물었다.

"너, 예수님을 믿니?"

이 질문은 대답하기에 가장 쉽기도 하지만 가장 어렵기도 하다. 그런데 이 질문은 정말 중요하다. 하람이가 모태 신앙이라서 자기도 모르게 아빠 따라 신학교에 간다고 하면 큰일이기 때문이다. 예수님을 믿지 않는 사람이 신학을 해서는 안 된다.

그때 하람이가 대답했다.

"믿어요."

"뭘 보고 네가 믿는다고 말할 수 있겠어?"

"아빠, 하나님이 내 기도를 얼마나 많이 들어주셨는데요."

그렇다. 하나님은 하람이의 기도에 참 많이 응답해주셨다. 우리 식구가 처음 아파트에 살게 된 것도 하람이의 기도 덕분이었다. 하람이가 유치원에 다닐 때, 어느 날 하람이가 내게 이렇게 말했다.

"아빠, 우리 집은 왜 가난해? 우리도 아파트에 살자."

당시 우리 집은 아파트에 살 형편이 못 되었다. 방 한 칸에 네 가족이 옹기종기 모여 살았는데, 어떻게 아파트로 옮길 수 있었겠는가. 그때 내가 하람이에게 할 수 있는 답은 이것뿐이었다.

"기도해."

그것은 가장 확실한 방법이자 우리가 할 수 있는 유일한 방법이기도 했다. 나도 기도했지만 그때부터 하람이가 정말 구체적으로 기도했다.

"하나님, 아파트 2층에 살고 싶어요."

그러던 어느 날 집사람이 임대아파트 입주자 공고가 나 있는 신문을 보더니 내게 물었다.

"우리도 한번 신청해볼까?"

"그래, 없는 걸로 치면 우리가 A급이지. 우리도 자격이 있으니 가능성이 있어!"

그렇게 신청했을 때 하람이의 기도대로 우리는 처음 아파트에서 살게 되었다. 그것도 2층 207호에. 그런데 어느 날 하람이가 또 이렇게 기도하는 게 아닌가.

"하나님, 아파트에 살기 싫어요."

그리고 나서 또 이사를 가게 되었다. 하람이가 마음에 소원을 가지고 기도할 때마다 두려울 정도였다. 친구와 다투고 난 뒤 홧김에 한 말을 하나님이 들으실까 봐 "하나님, 농담이에요 농담. 이거 들으시면 안 돼요"라고 말할 정도로 하나님을 인식하게 되었다.

그런데 하람이가 이것을 아는 것이다. 자기가 기도했을 때 하나님이 말도 안 되게 역사해주신 경험이 정말 많기 때문에 하람이는 자신이 예수님을 믿는다고 대답한 것이다.

그럼 둘째 하준이는 어떻게 대답할까 문득 궁금해졌다. 그래서 하준이에게도 물어봤다.

"너는 하나님을 믿니?"

"그럼요, 믿어요."

"뭘 보고 네가 믿는다고 말할 수 있겠어?"

"아, 그게… 얘기하기가 좀 어려운데…."

내가 먼저 하준이에게 이렇게 말해주었다.

"아빠는 확실하게 믿는다고 말할 수 있어. 왜냐하면 과거에 하나님이 아빠에게 보여주신 반전의 역사는 하나님밖에 하실 수 없거든."

그러자 하준이는 하나님께서 자기에게 형처럼 역사해주지는 않았다고 대답했다.

"하지만 아빠, 나는 궁금한 게 참 많아. 그래서 하나님께 이해하기 어려운 것들을 물어봐. 그럴 때 하나님이 말씀해주신 것 때문에 나는 하나님을 믿어. 그 하나님께서 일하실 것을 믿고 따라갈 수 있어."

필리핀 빠야따스의 쓰레기산에 가서 그곳 아이들을 보았을 때 인생을 어떻게 살아야 하는지 그 의미가 무엇인지 하나님이 깨닫게 하신 것이 있었던 모양이다.

서로 방법은 다르지만 하나님께서 두 아이에게 일하신 것만은 분명했다. 하나님이 살아 계시고 하나님이 역사하시기 때문에 내 인생도 이끌어 주실 것을 믿는 것이 가장 중요하다.

하나님 앞으로!

교회는 지식과 교훈을 배우는 곳이 아니다. 아무리 많은 말씀을 알아도 그 지식의 양이 하나님을 아는 양이 아니라는 것을, 우리는 분명히 알아야 한다.

주내힘교회 성도들은 우리 교회가 참 좋은 교회라고 생각한다. 우리 교회 목사님들은 하나님의 말씀을 잘 전하기 위해 노력하며 재정도 투명하다. 교회 운영도 같이 한다. 교회 어른들도 좋고 성도들도 서로 친하고 나도 교인들과 만날 생각에 주일이 기다려질 정도다. 교회성장을 목표로 하는 것이 아니라 함께 가려고 하는 것도 참 좋다. 그런데 이것이 우리 교회의 문제다.

사람들끼리 좋은 것은 신앙생활이 아니다. 이것으로 기도가 약해지고 하나님 만나는 것이 약해진다면 그것은 저주나 다름없다. 편해서 기도하지 않고 아무 문제가 없어서 기도하지 않는가? 어떤 문제도 하나님 앞에서 푸는 싸움을 해야 한다. 우리는 좋아도 하나님 앞에서, 나빠도 하나님 앞에서 풀어야 한다. 누구나 하나님을 만나고 하나님을 붙잡는 데 최선을 다해야 한다.

우리에게 하나님을 아는 사람, 하나님을 만난 사람의 모습이 있는가? 평소에는 여유로운 교양인처럼 살다가 문제만 터지면 세상 사람과 똑같이 하나님이 안 계신 것처럼 그렇게 살지 말라. 어떤 환난이 와도 그보다 더 크신 하나님을 바라보라. 오해를 받아도 넓으신 하나님의 아량과 마음을 배우라.

하나님께 가야 한다. 그래서 하박국도 회복되었다. 바벨론은 막강하고, 여전히 유다를 멸망시키기 위해 다가오고 있다. 그러나 하나님은 바벨론을 무너뜨리고 기름 부은 자의 나라를 세우실 것이다. 하나님의 통치와 하나님나라에 대한 회복이 하박국의 근본적인 회복이었다.

우리는 하나님을 기대해야 한다. 우리의 인생 가운데 어려움을 통해 하나님을 바라보고 하나님께 무릎을 꿇고 크신 하나님을 보여달라고 구하라. 문제의 해결을 구하는 것이 아니라 오직 하나님을 만나게 해달라고 담대히 구하라.

Chapter 11
묵묵히 그 길을 가라

　내가 마커스에서 말씀을 전한 지도 어느덧 10년이 넘다보니 얼굴이 익어서 가끔 우리 교인인지 아닌지 헷갈리는 아이들까지 있다. 요즘 아이들은 머리에 염색도 하고 옷도 개성 있게 입는다. 염색하는 것이 잘못은 아니다. 보통 자기가 못하는 것을 동경하기 때문에, 개인적으로 나는 머리에 염색하는 것을 좋아한다.

　흔히 옷을 입은 태나 자세를 보면 그 아이가 세상과 친한지 아닌지 느껴진다. 그런데 어느 날 내가 알던 한 아이가 예배에 왔는데 못 알아볼 만큼 모습이 바뀌어 있었다. 머리색도 바꾸고 옷도 수수하게 입고 나왔다. 무엇보다 눈빛이 달라졌다.

　무엇이 그 아이를 바꾸어놓았을까? 우리는 은혜를 받으면 뭔가 달라진다. 또 은혜가 없어도 뭔가 다르다. 눈에 보일 만큼 나타난다. 나는 그런 청년들을 많이 봤다. 은혜가 무엇인가? 그가 하나님 앞에 서고 하나님을 만난 경험이다. 예전에는 하나님에 대한 불평불만이 있어서 삐딱한 마음이 있었는데, 어느 날 하나님을 만나고 은혜를 받으면서 달라지는 것이다.

내가 하나님의 소리를 들었다!

놀라운 것은 상황이 바뀌지 않아도 하나님을 만난 은혜가 그 사람을 변화시킨다는 것이다. 신앙생활에서 가장 중요한 것은 하나님의 임재와 하나님의 살아 계심을 경험하는 것이다. 그렇지 않으면 신앙생활 하기가 참 어렵다.

고난이 주는 유익이 있다. 하나님이 우리에게 고난을 주시면 우리의 반응은 두 가지로 나타난다. 신앙이 더 뜨거워지거나 아예 차가워지는 것이다. 고난 앞에 미지근한 신앙은 없다. 오히려 삶이 편안할 때 신앙도 미지근해지기 일쑤다. 분명하다. 고난이 오면 우리는 하나님 앞에 더 나아가든지 못 나아가든지 한다.

하박국은 고난 속에서 하나님의 살아 계심을 다시 한 번 경험하게 되었다. 물론 그는 하나님을 만난 자요 하나님의 계시를 전하는 자요 하나님을 체험한 적도 있는 자였다. 그러나 문제와 고난 앞에 마음을 빼앗겼다. 그런 그가 하나님의 현현과 임재를 깊이 경험하면서 바뀌었다.

3장 16절부터 19절에서 하박국은 하나님의 심판을 두려워하지만 하나님이 역사하시고 구원하실 것을 신뢰하고 있다. 그런데 하나님의 심판을 당하는 자의 두려움 이전에 그는 이렇게 시작하고 있다.

"내가 들었으므로"

하박국서 3장 3절부터 하나님을 3인칭으로, 8절부터 3인칭에서 2인칭으로 인칭이 변화하면서 하나님을 표현했다면, 16절에서 하박국은 자신이 그 하나님의 소리를 듣고 창자가 흔들리고 입술이 떨렸다고 고백한다.

내가 들었으므로 내 창자가 흔들렸고 그 목소리로 말미암아 내 입술이 떨렸도다 무리가 우리를 치러 올라오는 환난 날을 내가 기다리므로 썩이는 것이 내 뼈에 들어왔으며 내 몸은 내 처소에서 떨리는도다

합 3:16

하박국은 지금 만난 하나님, 지금 깨달은 하나님의 임재를 이야기한다. 이것이 다른 누구의 문제가 아닌 하박국 자신이 체험한 일임을 강조한다. 신앙생활에 있어서 뜨겁지도 않고 차갑지도 않은 사람의 특징이 무엇인가? 그런 사람은 신앙을 '3인칭'이나 '2인칭'으로 알고 있다. 어떤 사람의 간증 또는 목사님의 이야기처럼 막연하고 피상적으로 안다. 그러니까 그 신앙이 더 나아가지 못하는 것이다.

물 위를 걸어본 사람과 **아닌 사람**

마태복음 16장에서 베드로가 왜 "주는 그리스도시요 살아 계신 하나님의 아들이시니이다"(마 16:16)라고 고백할 수 있었는가. 이 고백을 들은 예수님이 말씀하신 것처럼, 베드로에게 이것을 알려주신 분은 바로 하늘 아버지이시다. 베드로가 하나님을 만나는 경험을 한 것이다.

마태복음 14장에는 제자들이 배를 타고 갈릴리 바다를 건너는 장면이 나온다. 밤에 예수님이 바다 위를 걸어서 제자들에게 오셨다. 그 모습을 본 제자들은 유령인 줄 알고 두려움에 떨었다.

그때 주님이 말씀하셨다.

"안심하라 나니 두려워하지 말라"(마 14:27).

그때 베드로가 "주님이시거든 저에게 물 위로 걸어오라고 하십시오"라고 청했다.

그러자 주님이 말씀하셨다.

"오라"(마 14:29).

이에 베드로가 배에서 내려서 물 위를 걸어 예수님께 갔다. 물론 우리가 잘 알다시피 그가 바람을 보고 두려워하다가 물에 빠져들기는 했다. 하지만 분명한 것은 물 위를 걸어본 자와 물 위를 걷는 것을 본 자의 신앙은 완전히 다르다는 것이다. 물에 빠지더라도 주님의 말씀에 순종해서 물 위를 걸어가본 경험이 있는 사람과 그것을 보면서 생각만 하는 사람은 다르다.

신앙은 머리로 하는 것이 아니다. 성경을 잘 안다고 해서 하나님 앞에 꼭 귀한 고백을 하게 되는 것도 아니다. 그것이 내 말씀이 되려면 하나님이 우리에게 허락하신 삶을 살아야 한다. 그리고 하나님을 경험해야 한다. 그래야 신앙이 자란다.

하박국은 하나님을 만나면서 고백도 바뀌기 시작했다. 그는 하나님의 말씀을 듣고 자신의 창자가 흔들리고 입술이 떨렸다고 고백한다. '창자'가 흔들렸다는 것은 하박국의 중심, 마음이 흔들렸다는 의미이다. '입술' 역시 내 속에 있는 것들이 나오는 통로로, 자기 속에 있는 것이 무엇인지 알게 되어 중심이 떨리기 시작한 것이다.

하나님을 경외하는 사람

내가 들었으므로 내 창자가 흔들렸고 그 목소리로 말미암아 내 입술이 떨렸도다 무리가 우리를 치러 올라오는 환난 날을 내가 기다리므로 썩이는 것이 내 뼈에 들어왔으며 내 몸은 내 처소에서 떨리는도다
합 3:16

우리가 하나님의 임재를 경험하면 가장 먼저 하나님에 대한 경외함이 생긴다. 하나님을 만났다고 하고, 하나님의 계시를 들었다고 하고, 하나님의 은혜를 체험했다고 하면서 하나님에 대한 경외함과

두려움 없이 비인격적으로 함부로 하는 사람이 있다면 그는 하나님을 만난 사람이 아니다. 설령 하나님을 만난 경험이 있다고 해도 타락한 것이다. 하나님을 만난 하박국은 하나님에 대한 두려움과 경외함이 생겼다.

이사야서 6장은 하나님이 이사야를 부르신 장으로 일명 '소명장'이라고 불린다.

> 서로 불러 이르되 거룩하다 거룩하다 거룩하다 만군의 여호와여 그의 영광이 온 땅에 충만하도다 하더라 이같이 화답하는 자의 소리로 말미암아 문지방의 터가 요동하며 성전에 연기가 충만한지라 그때에 내가 말하되 화로다 나여 망하게 되었도다 나는 입술이 부정한 사람이요 나는 입술이 부정한 백성 중에 거주하면서 만군의 여호와이신 왕을 뵈었음이로다 하였더라 그때에 그 스랍 중의 하나가 부젓가락으로 제단에서 집은 바 핀 숯을 손에 가지고 내게로 날아와서 그것을 내 입술에 대며 이르되 보라 이것이 네 입에 닿았으니 네 악이 제하여졌고 네 죄가 사하여졌느니라 하더라 사 6:3-7

하나님을 만난 이사야는 자신이 부정한 자임을 고백하게 되었다. 하나님의 거룩함을 본다면 자신이 죄인임을 고백하지 않을 사람이 없다. 하나님은 거룩하신 분이므로 부정한 자가 하나님을 만나면 죽는다. 그래서 하나님의 거룩함을 본 이사야가 자신이 죽게 되었다고 부르짖었고, 그러자 천사들이 제단에서 숯을 가지고 와서 이사야의 입술에 댄 것이다. 바로 하나님에 대한 경외함, 두려움 때문이다.

청년 시절 내가 제자 훈련을 시켰던, 지금은 어엿한 사모가 된 동생이 한 명 있다. 한번은 부흥회를 마치고 은혜를 받은 아이들끼리 삼삼오오 모이려고 하는데, 그 자매가 조용히 빠지려고 하는 것을 보게 되었다. 표정도 심상치 않고 걱정스러운 마음에 내가 그 자매에게 다가갔다.

"왜? 무슨 문제 있어?"

"오빠, 아무 문제 없으니 염려하지 않아도 돼요. 오늘은 제가 그냥 조용히 집에 가고 싶어서 그래요."

"왜 그래? 나한테 살짝 얘기하고 가. 그렇게 그냥 가면 다들 걱정하잖아."

"오빠, 하나님의 은혜를 그렇게 많이 받고도 신앙이 안 자라나는 이유가 뭘까 하고 하나님 앞에서 정직하게 제 자신을 돌아봤어요. 그러면서 문제를 하나 발견했어요. 제가 은혜를 받았지만 번번이 말로 은혜를 다 까먹고 있다는 것을 깨닫게 되었어요. 그래서 이번만큼은 조용히 집에 가서 하나님의 말씀으로 저를 다시 돌아보고 싶어요."

하나님의 은혜를 깊이 간직하기 위해 입을 다물고 조용히 기도하고 싶다면서 돌아가는 그 자매가 나는 참 대견스러웠다. 하나님의 거룩하심, 살아 계신 하나님의 임재하심을 경험하면 그만큼 두렵다.

함부로 말하지 못하게 된다. 내가 다른 사람을 판단하는 것보다 더 높은 차원의 하나님의 은혜를 알기 때문에 두려워하기 시작한다.

하나님 앞에 **죽은 자**

하나님의 임재를 경험하면 경외함이 생긴다. 이렇게 하나님을 만난 사람에게 어떤 일이 벌어지는가?

첫째, 그는 죽은 자같이 된다. 요한계시록을 보면 사도 요한이 하나님의 현현과 임재 앞에 엎드러져 죽은 자같이 되었다고 나온다. 하나님의 살아 계심을 맛본 자는 자기 것, 자기 의(義), 자기 주장이 사라지기 시작한다. 자신을 뛰어넘는 엄청나게 크신 하나님 앞에서 먼저 자기를 보기 때문에 자신이 죽는다. 내 시야, 내 안목, 내 판단이 죽을 때 하나님만 남게 된다.

한번은 수련회에 가서 행동 유형을 알아보는 검사를 했다. 주도형, 관계형, 지지형, 분석형 등 여러 유형이 있었다. 그런데 우리는 그 위에 죄가 있다는 것을 알아야 한다. '죄'가 관영할 때 어떤 일이 벌어지는가? 관계를 세우는 것이 아니라 파괴한다. 분석해서 상대를 공격한다. 주도해서 망치고, 슬슬 안정을 추구하면서 뒤로 뺀다. 우리는 다 죄인이다.

하지만 그 위로 '하나님의 은혜'가 덮이면 관계가 이어진다. 좋게 분석하고 멋지게 주도해가고 잘 순종한다. 이렇게 실제 성격 유형보다 그에게 죄가 있는지, 하나님의 은혜가 있는지가 더 중요한 것이다. 하나님을 만나서 하나님께 잡혔느냐 하나님께 잡히지 않았느냐가 더 중요하다. 이 세상에 좋은 것은 아무것도 없다. 하나님께 사로잡히면 다 좋아진다. 하지만 하나님께 사로잡히지 않으면 다 나빠질 뿐이다.

하나님을 **기다리는 자**

둘째, 그는 기다릴 줄 안다. 하박국의 고백을 보라. 16절, "무리가 우리를 치러 올라오는 환난 날을 내가 기다린다"고 했다. 이렇게 하나님을 만나면, 처음에 "불의한 바벨론이 어떻게 하나님의 백성을 치도록 그냥 놔두십니까?"라고 불평하던 그가 불의한 바벨론을 들어서 심판하시더라도 하나님의 백성을 영원히 버리지 않으시고 그 약속을 이루실 하나님을 기대하게 되고 그래서 환난의 날을 기다리는 자세를 갖게 된다.

자기 뜻대로 하나님을 조종하려고 드는 것이 아니라 하나님의 뜻에 순종하여 기다릴 줄 아는 실력이 생긴다. 따라서 환난을 이길 수 있다. 돈이 있어야 환난을 이길 수 있거나 좋은 친구 덕에 환난을 이길 수 있는 것이 아니다. 나를 붙잡고 인도해 가시는 하나님 때문에 기다릴 수 있고, 기꺼이 당할 수 있고, 그래도 망하지 않는다는 것을 알기 때문에 환난을 이길 수 있는 것이다.

이스라엘 역사 중 가장 무서운 사건이 무엇인지 아는가? 바로 하나님이 하나님 자신을 드러내신 결단이자 가장 위대한 성육신(成肉身) 사건이다. 예수님이 하나님과 동등됨을 포기하고 죄인으로 이 땅에 오셔서 우리와 같이 살다가 죽기로 작정한 십자가 사건이 최고의 사건이다. 하나님께서 우리의 죄 때문에 모든 모욕을 감수하신 것이다. 우리의 죄를 온전히 감당하시고 나서 죄를 완전히 극복해버리셨다. 우리 하나님은 그런 분이다.

이스라엘 역사의 가장 위대한 사건은 출애굽 사건이 아니다. 출애굽은 하나님께서 애굽의 노예로 있던 자신의 백성을 끄집어내어 하나님의 영광을 드러내신 사건이다. 열 가지 표징으로 애굽의 바로를 마구 때려 부수고 박살 내셨다. 어쩌면 이스라엘은 이런 메시아, 이런 하나님을 기다렸을지도 모른다. 그래서 예수님을 거절한 것이다.

그런데 그사이에 어떤 일이 있었느냐 하면, 하나님의 선민이 불의한 바벨론에 의해 멸망하고 성전과 왕궁이 불타고 성전의 기구까지 모두 빼앗겼다. 심지어 바벨론의 벨사살 왕이 큰 잔치를 베풀고 예루살렘 성전에서 가져온 금 그릇으로 술을 마셨다.

이렇게 하나님은 이스라엘이 당하는 모든 모욕을 고스란히 함께 당하신다. 한번 자기 백성을 만들겠다고 작정하시면 끝까지 그 길에 같이 뛰어드시는 분이다. 하박국은 하나님께서 죄를 그냥 넘어가시지도 않지만 자신이 택한 백성을 버리시지 않는 분이라는 것을 알았다. 그래서 기다리게 되었다. 하박국의 상황은 아무것도 변하지 않았지만 하박국은 충만해졌다. 하나님을 경외하기 시작했다. 이것은 그가 하나님의 임재와 현현을 경험했기 때문에 오직 하나님으로 말미암아 벌어진 일이다.

하나님을 **기대하라**

나는 16절의 말씀이 깊이 다가왔다.

무리가 우리를 처러 올라오는 환난 날을 내가 기다리므로 썩이는 것이 내 뼈에 들어왔으며 내 몸은 내 처소에서 떨리는도다 합 3:16

우리가 하나님을 만났고 하나님을 기다리지만 그렇더라도 우리의 현실은 여전히 아프다. 하나님을 만나고 돌아가보니 현실의 문제가 모두 해결되어 있는 것이 아니라 우리는 여전히 떨린다. 하박국이 환난 날에도 하나님을 기다리고 있지만 그는 여전히 두려워하고 있다. 뼈 속에 암이 생겼다고 생각해보라. 그것은 보통 일이 아니다. 그러나 그 썩이는 것과 싸운다. 그것이 끝이 아니라는 것을 알기에 기다리면서 묵묵히 그 길을 간다. 그만한 실력이 생긴다.

우리가 이런 하나님을 먼저 만나야 한다. 이것이 믿음의 전제이다. 하나님이 어떤 분인지 경험하지 못한 채 우리의 기도가 응답된다면 우리는 하나님을 조종하기 시작할 것이고 하나님을 로또처럼 생각할 것이다. 그러나 하나님은 그렇게 역사하시는 분이 아니다.

   하나님이 우리의 왕이시고 주인 되심이 먼저 선포되어야 한다. 하나님은 그다음에 일하신다. 하나님 앞에 서라. 하나님의 은혜를 경험하라. 하나님을 기다리고 그 하나님을 붙잡고 가라. 하나님께서 우리를 어떻게 만들어 가시는지 마음껏 기대해도 좋다.

Chapter 12
하나님의 영광을 노래하다

한번은 누군가 내게 물었다.

"목사님, 과거로 돌아간다면 어떠실 것 같아요?"

그러나 내가 청년 때 좋았던 것은 젊음과 휘날리던 머리카락밖에 없다. 나는 다시 과거로 돌아가고 싶은 마음이 전혀 없다. 지금이 훨씬 좋다.

흔히 "그래도 옛날이 좋았어"라고 이야기한다. 나도 요즘 하람이 하준이를 보면서 '애네들보다는 우리 때가 더 좋았다'는 생각을 가끔 한다. 나는 진달래 먹고 물장구 치고 다람쥐 쫓던 낭만이 있는 시절을 보냈지만, 지금 세대는 햄버거 먹고 피시방 가고 물질적으로는 풍요로운지 몰라도 정서적으로는 빈곤하다. 사랑을 더 많이 받고 자란 것 같지만 실은 사랑을 모르는 것 같다.

그런데 옛날이 좋았다고 말하는 사람을 보면, 그들은 그때가 고생스럽기는 했어도 끔찍하지는 않은 것이다. 과거가 끔찍하다고 할 때는 다 그만한 이유가 있다. 어느 날 부모님이 사라지고 집 안에는 쌀도 없고 김치도 없다고 생각해보라. 밀가루와 굵은 소금으로 저녁 한 끼 수제비를 해 먹으며 하루하루 버텨나가야 하는데도 과연 과거가 좋다고 말할 수 있을까? 그래도 하박국처럼 고백할 수 있을까?

거룩함은 **구체적이다**

하박국은 무화과나무에 무화과가 없고, 포도나무에 열매가 없고, 감람나무에 소출이 없고, 밭에 먹을 것이 없고, 우리에 양이 없고, 외양간에 소가 없다고 구체적으로 말한다.

이때 처음 세 가지 나무는 팔레스타인에서 가장 중요하고 대표적인 나무다. 이 세 나무에 열매가 없다는 것은 곧 땅이 황폐해졌다는 것을 의미한다. 또 밭에 먹을 것이 없고 우리에 양이 없고 외양간에 소가 없다는 것은 농경생활과 유목생활을 하는 그들이 더 이상 먹을 것이 없는 상태가 되었다는 뜻이다.

이 여섯 가지는 하나님의 백성이 가나안 땅에 들어가 하나님의 말씀을 잘 지켰을 때 받는 복의 상징이기도 하다(신명기 8장 참조). 그런데 이것이 없다는 것은 하나님께서 하나님의 말씀을 버린 하나님의 백성을 징계하신다는 표징인 것이다. 그런데 하박국은 이 여섯 가지가 없어도 '여호와로 말미암아' 즐거워하며 기뻐한다고 한다.

우리의 신앙생활은 어떠한가? 신앙생활은 추상적인 것이 아니다. 매우 구체적인 것이다. 거룩이란, 우리가 하나님을 바라보는 것, 하나님을 좇아가는 것이다. 그러면 우리가 거룩해지기 위해 하나님을 좇는 데 방해가 되는 것을 버려야 한다. 인생은 선택이다. 우리가 무엇을 선택한다는 것은 그 순간 다른 것을 버린다는 의미가 있다.

예수를 믿겠다, 주님을 바라보겠다는 가슴만 뜨거운 고백이 아니라 주님의 사람이 되기 위해 하나님 앞에 단호하게 버려야 할 것, 하나님 앞에 고쳐야 할 것이 무엇인지 결단하고 아주 구체적으로 생각하고 기도해야 한다. 주님을 구체적으로 좇을 때 그 사람의 삶 가운데 구체적인 일이 일어난다. 구체적으로 변화된다. 스마트폰 게임이 문제라면 게임을 지워버려야 한다. 입의 말이 문제라면 이를 악물고 그 말을 하지 말아야 한다. 이렇게 하나하나 고쳐야 한다.

신앙은 결코 막연한 것이 아니다. "주 여호와는 나의 힘이시라"라고 고백하고 돌아가더라도 무화과나무와 포도나무와 감람나무에 열매가 없을 때 오직 하나님만 믿고 바라보는 신앙은 결코 쉽지 않다. 그런 끔찍한 현실에서 쓰러지고 넘어지는 청년들을 나는 많이 보았다. 우리의 신앙은 이런 구체적인 현실과 상황을 넘어가는 것이다.

하나님 안에서 **사는 것**

하박국은 정말 구체적으로 무화과나무가 무성하지 못하며 포도나무에 열매가 없으며 감람나무에 소출이 없으며 밭에 먹을 것이 없으며 우리에 양이 없으며 외양간에 소가 없어도 하나님으로 말미암아 즐거워한다고 고백한다.

> 나는 여호와로 말미암아 즐거워하며 나의 구원의 하나님으로 말미암아 기뻐하리로다 합 3:18

그는 "하나님으로 말미암아" 기뻐한다고 했는데 KJV성경에서는 "in the God"으로 표현되어 있다. 그러니까 "나는 여호와 안에서 즐거워하고, 구원의 하나님 안에서 기뻐할 것이다"로 번역되는 것이다. 단순히 믿는 것이 아니라 내가 그분 안에 있는 것이다. 우리가 하나님 안에 있다는 구체적인 관계가 없으면 하나님은 우리에게 추상적인 분이 된다.

만약 하박국에게 이 구체적인 하나님에 대한 고백이 없었다면 어땠을까? 우리의 삶의 정황도 끔찍하지만 그것을 극복하는 우리 하나님의 살아 계심 또한 분명하기 때문에, 우리는 그 하나님 안에 있고 그 하나님으로 말미암아 기뻐할 수 있는 것이다.

이제 하박국은 이렇게 고백한다.

주 여호와는 나의 힘이시라 나의 발을 사슴과 같게 하사 나를 나의 높은 곳으로 다니게 하시리로다 이 노래는 지휘하는 사람을 위하여 내 수금에 맞춘 것이니라 합 3:19

하박국이 아는 상황은 여전히 아무것도 없는 상황 그대로다. 그런데 하박국은 "주 여호와는 나의 힘이시라"라고 고백한다.

하나님은 우리에게 구원의 하나님이시라 사망에서 벗어남은 '주 여호와'로 말미암거니와 시 68:20

그러나 '주 여호와'여 주의 이름으로 말미암아 나를 선대하소서 주의 인자하심이 선하시오니 나를 건지소서 시 109:21

내 구원의 능력이신 '주 여호와'여 전쟁의 날에 주께서 내 머리를 가려 주셨나이다 시 140:7

'주 여호와'여 내 눈이 주께 향하며 내가 주께 피하오니 내 영혼을 빈궁한 대로 버려두지 마옵소서 시 141:8

이것은 모두 다윗의 시다. 다윗은 그의 아버지와 형제들로부터 인정받지 못했다. 자신을 죽이려고 추격하는 사울을 피해 늘 도망치는 인생을 살았다. 다윗은 하나님을 만나고 그분의 능력을 맛보았지만 그 후로도 이렇게 끔찍한 인생을 살아갔다.

내가 성경을 보면서 펑펑 운 적이 있는데 바로 요셉과 다윗이 죽는 장면에서였다. 창세기 50장에는 요셉이 죽을 때 그가 형제들에게 당부하는 장면이 나온다. 그는 야곱의 열두 아들 중 열한째 아들로 야곱이 노년에 얻은 아들이다. 요셉에게는 동생이 베냐민밖에 없다. 그러니까 다 손위 형들이다. 그런데 요셉이 먼저 죽는다.

애굽의 노예로 살고 감옥에서 고생하다가 총리까지 되었지만 요셉이 얼마나 고생을 많이 하고 몸이 상했으면 먼저 죽었을까 생각하니 눈물이 났다. 80세에도 전쟁터를 누빌 만큼 힘이 넘쳤던 사울과 달리 70세에 침상에서 늙어 기력이 쇠하여 죽는 다윗을 보면서도 마찬가지였다. 그만큼 그가 젊었을 때 엄청나게 고생을 했다는 것이다.

이 장면들을 볼 때, 나는 하나님을 닮아가는 인생일지라도 그 몸에 아픔을 가지고 살아가는 우리의 인생이 바뀌지 않는다는 사실을 깨달았다. 우리는 여전히 힘들고 어렵게 가고 있다. 다윗은 그런 구체적인 삶의 현장에서 자기를 도우시는 하나님, 원수의 손에서 구원하신 하나님을 노래한 것이다.

하박국이 "주 여호와는 나의 힘이시라"라고 한 고백의 의미를 알겠는가?

믿음의 싸움을 하라

내가 들었으므로 내 창자가 흔들렸고 그 목소리로 말미암아 내 입술이 떨렸도다 무리가 우리를 치러 올라오는 환난 날을 내가 기다리므로 썩이는 것이 내 뼈에 들어왔으며 내 몸은 내 처소에서 떨리는도다

합 3:16

썩이는 것이 내 뼈에 들어와 내 몸이 떨리는데도 "주 여호와는 나의 힘이시라"는 고백이 나온 것이다. 최후에 남는 것이야말로 자기 자신이 붙잡는 것이라는 말이 있다. 우리는 그것으로 살아간다. 그것이 돈이면 그 사람은 마지막까지 돈을 붙잡을 것이다. 건강이면 마지막까지 약을 붙잡을 것이다.

하박국에게 최후에 남는 것은 "주 여호와는 나의 힘이시라"라는 고백이었다. 그에게 하나님만 남았다. 우리에게 무화과나무가 사라지고 포도열매가 없고 감람나무의 소출이 없고 밭에 먹을 것이 없고 양이 없고 소가 없어도 우리의 하나님은 사라지지 않으신다. 그렇기 때문에 그분으로 즐거워하고 기뻐할 수 있다. 우리는 하나님 때문에 버티고 살아갈 수 있다. 그것이 신앙이다.

우리는 구체적인 싸움을 해야 한다. 신앙생활은 구체적으로 배워야 한다. 가끔 무화과나무가 사라질 때가 있다. 그렇지만 망하지 않는다. 우리는 지금 그것을 배우고 있다. 오늘 우리가 믿음의 싸움

을 하며 잘 버틴다면, 하나님만 바라보고 나아간다면, 우리에게도 최후에 남는 분은 오직 '하나님' 한 분일 것이다.

부자 청년이 버리지 못한 것은 재물이었다. 최후에 재물을 붙잡느라 예수님을 놓쳤다. 밭에 감추인 보화를 얻으려면 자기 소유를 다 팔아야 한다. 지금 무화과나무의 소출이 없어서 힘들어하고 있는가? 하지만 그것을 주실 수 있는 분을 바라봐야 신앙이 자란다. 다시 하나님으로 말미암아 기뻐해야 한다. 하나님을 붙잡아야 한다. 하나님이 하실 것을 믿어야 한다. 나의 힘이 되시는 주 하나님을 바라보며 구체적으로 기도하라. 거기서 하나님의 살아 계심을 맛보기 바란다.

믿음을 요구하시는 하나님

우리가 하나님나라에 가서 하나님 앞에 섰을 때, 그때 과연 믿음이 필요할지 생각해본 적이 있는가? 어떤 것을 믿음이라고 생각하는가? 우리가 다 하나님의 심판대 앞에 서는데, 그때 불교 신자나 다른 불신자들이 하나님을 인정하고 믿는다고 하면 믿음이 성립되는가? 그렇지 않다.

믿음이란 불의하고 고통이 많고 이해가 되지 않는 이 세상 속에서 하나님이 성도에게 요구하시는 것이다. 종교다원주의 시대라고 하는 지금 우리끼리는 서로 진리가 있고 구원이 있다고 인정해줄 수 있다. 그렇지만 기독교는 그렇지 않다. 그래서 배타적이라는 말을 듣는다. 왜냐하면 사람들끼리 아무리 인정한들 그것이 전부가 아니라는 것을 알기 때문이다.

다른 이로써는 구원을 받을 수 없나니 천하 사람 중에 구원을 받을 만한 다른 이름을 우리에게 주신 일이 없음이라 하였더라 행 4:12

하나님나라에 갔을 때 비로소 하나님의 뜻을 알아서 "이제는 믿는다"고 하는 것은 소용없다. 그때는 믿음이라는 단어를 사용하는 것이 아니다. 하나님은 불의한 세상 속에 역사가 어떻게 흘러가는지는 피조물인 인간의 눈으로 아는 것이 아니라 믿음으로만 알 수 있다고 하신다. 믿음이란 하나님을 아는 것이다. 그래서 주님이 우리에게 믿음을 요구하시는 것이다.

하나님은 하박국에게도 믿음을 요구하셨다. 그가 세상의 상황을 보고 판단하는 것이 아니라 자기 내면으로, 하나님을 보는 믿음으로, 하나님과의 관계로 돌아가 다시 하나님 앞에 서고 하나님을 바라보자 하박국의 노래가 시작되었다.

노래할 수 있을까?

그러면 현재의 고난과 고통 가운데에서도 하박국과 같이 노래할 수 있는가? 갑자기 이런 생각이 들어서 집사람에게 물었다.

"여보, 고난과 역경 가운데에서도 노래할 수 있겠어? 신뢰와 기쁨과 고백이 있는 노래 말이야."

그때 마침 하준이가 방에서 나오기에 하준이에게도 똑같이 물었다.

"하준아, 고난과 역경 가운데에서도 노래할 수 있을까?"

그때 하준이가 말했다.

"희망이 있다면요."

물론 그렇다. 분명히 주님의 역사 가운데 이루어질 소망과 희망은 있다. 그렇지만 만약 내가 사는 날 동안에는 희망이 없고 아무 소망 없이 살다가 죽는 것이 결정되어 있다면, 그래도 노래할 수 있을까? 아마 어려울 것이다.

지금 하박국의 입장이 그렇다. 그가 사는 날 동안 이스라엘은 회복되지 못했다. 멸망한다. 그래서 하박국도 다음과 같이 고백한 것이다.

"썩이는 것이 내 뼈에 들어왔으며 내 몸은 내 처소에서 떨리는도다."

바벨론은 그야말로 가장 강포한 나라였다. 그 나라가 유다를 멸망시키고 성전을 파괴하고 성전 기구를 빼앗아 갔다. 만약 우리도 동일한 수치를 겪고 있다면 과연 노래할 수 있겠는가?

요즘 나는 청년들을 만날 때마다 이렇게 이야기한다.

"믿음의 세대를 준비하라. 지금은 부흥의 시대가 아니다. 앞으로 기독교는 수치와 모욕을 당할지도 모른다. 그러므로 우리는 준비해야 한다. 비록 믿음 때문에 수치와 모욕의 길을 가더라도 그 길을 갈 수 있도록 준비해야 한다."

이 세상이 불의로 가득하고 아무 희망도 보이지 않을 때 하나님을 노래할 수 있을까? 그래서 우리에게 믿음이 요구되는 것이다. 믿음은 절대 이 세상에서 나올 수 없다. 믿음은 위로부터 오는 것이다. 믿음은 지금 나의 고난이나 역경이 그것으로 끝나지 않는다는 것을 보게 되는 것이다.

하나님의 영광을 **보라**

그런데 우리는 어떤가? 살면서 고난이 오고 역경 가운데 있으면 낙심하고 낙망한다. 왜 그런가? 하나님을 놓치고 세상에서 답을 찾기 때문이다. 하지만 세상은 우리에게 믿음을 줄 수 없다. 믿음 자체가 땅에서 출발하지 않았기 때문에 땅에서는 찾을 수 없다. 다시 말해 이 땅에는 믿을 만한 것이 없다는 말이다.

진리는 바뀌면 안 된다. 믿으려면 불변해야 한다. 그런데 이 땅에서 영원히 변하지 않는 것은 없다. 변하는 것은 우리에게 안정감을 줄 수 없다. 이 세상에서 얼마나 돈이 많은가? 아무리 돈이 많아도 그 돈이 건강과 생명까지 보장해주지는 못한다. 얼마나 건강한가? 아무리 건강해도 강건해야 팔십이다. 우리는 늙고 병들어 흙으로 돌아가는 인생을 사는 존재이다.

믿음이란 세상이 우리에게 줄 수 있는 것은 아무것도 없다는 것을 아는 것이다. 한마디로 세상은 '뻥'이다. 예수님은 그것을 아셨다. 예수님이 40일 동안 금식하신 후 주리실 때 마귀가 나타났다. 마귀는 예수님을 지극히 높은 산으로 데려가 천하만국과 그 영광을 보여주며 말했다.

만일 내게 엎드려 경배하면 이 모든 것을 네게 주리라 마 4:9

그러나 예수님은 그것이 뻥이라는 것을 아셨다. 설령 천하만국을 가진다 해도 그것이 우리를 보장해주지는 않는다. 세상은 우리에게 궁극적인 보장을 해줄 수 없다. 죽음이야말로 세상이 얼마나 헛것인지 알게 해주는 것이다. 이 세상의 힘, 권력, 돈으로는 절대 죽음을 통과할 수 없다. 죽음을 이기는 것은 오직 예수 그리스도의 생명뿐이다.

지금 내가 당하는 고난과 역경이 내 육체에 약간의 어려움을 줄 수는 있지만 그 이상 날 어쩌지 못한다는 것, 이 세상이 헛것이며 이 고난을 넘어서는 하나님의 역사가 있음을 아는 것이 믿음이다. 하박국은 고난이 끝이 아니라 고난을 넘어서는 명예가 있음을 알았고 그렇기 때문에 노래할 수 있었다.

자녀가 하버드 대학교에 합격했다. 그의 부모가 돈이 많아서 합격한 아들에게 "뭐 하러 학교에 들어가서 공부하니? 그냥 평생 놀고 먹으면서 살아"라고 할까? 아들이 국가대표로 발탁되었다. "국가대표 하면 죽도록 연습하느라 놀 시간도 없어. 연애도 못해. 하지 마" 이렇게 말할 부모가 있을까? 우리가 왜 고난을 기꺼이 감당하는가? 고난을 통해 얻게 되는 영광이 있기 때문이다. 우리가 고난을 넘어선 하나님나라의 영광을 보지 못한다면 고난의 의미를 제대로 알지 못하는 것이다.

은혜를 아니까

우리는 흔히 하나님의 은혜가 필요하다고 말한다. 은혜가 무엇인가? 은혜란 하나님께서 우리가 한 대로 갚지 않으신다는 것이다. 우리가 한 일로 우리를 심판하지 않으신 것이 바로 십자가의 은혜다. 하나님께서 우리가 한 대로 갚으신다면 우리에게는 소망이 없다. 하나님께서 택하신 이스라엘이 한 그대로 이스라엘에게 갚으셨다면 하나님의 백성은 존재하지 못했을 것이다.

내가 너를 지명하여 불렀나니 너는 내 것이라 사 43:1

하나님은 지명하여 부르시고 택하신 이스라엘 백성을 버리지 않고 은혜로 끌고 가신다. 하박국은 비록 지금 유다가 멸망의 위기에 처해 있을지라도 자기 백성을 버리지 않고 끝까지 만들어 가시는 하나님의 은혜를 알았다. 그는 이 고난을 통해 하나님이 이스라엘 안에서 행하실 일들을 알고 보게 되었다. 그 일이 하나님의 영광과 연결되어 있다는 것을 알았다. 그래서 노래했다.

선지자 하박국이 묵시로 받은 경고라 합 1:1

하나님은 하박국의 삶을 통해 묵시를 기록하셨다. 이것이 하박국서가 갖는 특징이다. 하박국이 그것을 알았다. 오늘 우리가 왜 하박국서를 보는가? 유다의 멸망은 그저 외적인 멸망으로 끝난 것이 아니다. 하나님은 이스라엘 안에 하나님의 계시를 쓰고 계신다. 그렇기 때문에 이스라엘의 역사는 단순한 이스라엘의 역사가 아니라 하나님의 역사다. 하나님이 이스라엘을 선택해서 하나님나라의 역사를 쓰셨다면, 지금은 바벨론에 의해 이스라엘이 멸망한다 할지라도 그것으로 끝이 아닌 것이다. 하나님은 여전히 그 속에 하나님의 역사를 쓰시는 분이다.

하나님은 결코 고난 그 자체로 끝내시는 분이 아니며 고난을 넘어서서 이스라엘을 명예롭게 하고 이스라엘을 드러내시는 분이다. 하박국은 지금의 고난과 역경을 넘어서게 하시고 존귀하게 하시는 분을 바라보았기 때문에 찬송할 수 있었다.

수련회를 다녀오거나 어떤 계기를 통해 믿음이 훌쩍 자랄 때가 있다. 나도 신앙이 급상승했을 때가 있었다. 바로 하람이가 태어났을 때다. 하람이를 내 품에 안는 순간 믿음이 크게 자랄 뿐만 아니라 하나님과 더 친밀해지기 시작했다. 나는 하나님께서 우리의 죄를 용서하시는데 과거, 현재, 미래의 죄까지 모두 용서하신다고 배웠다. 하지만 미래의 죄까지 용서하신다는 것이 잘 이해되지 않았다. 과거의 죄는 이미 회개했고 현재의 죄도 회개하고 있지만 미래의 죄도 용서하신다니, 그렇다면 막 살아도 된다는 말인가 하는 생각이 들었다.

그런데 하람이를 낳은 후에 나는 알았다. 하람이는 내 아들이다. 과거와 현재의 죄뿐만 아니라 설령 하람이가 앞으로 범죄자가 된다고 해도, 다른 사람들이 다 하람이에게 돌을 던진다 해도 나는 던지지 않을 것이다. 하람이가 내 아들이기 때문이다.

만약 내가 죽어서 하람이가 바뀐다면 나는 기꺼이 대신 죽을 것이다. 하나님께서 김남국보다 못할까. 그래서 알았다. 하나님께서 선택하고 지명하고 부르신 자식은 결코 버리지 않는다는 것을 말이다. 하박국도 믿음의 눈으로 그 하나님을 바라본다. 세상은 우리를 죽이고 멸망시키려고 하지만 하나님은 그 고난을 넘어서서 우리를 만들어 가신다.

고난 중에서 **노래하다**

우리에게 찾아온 고난은 여전히 아프다. 우리가 그 의미를 다 알지는 못해도 하나님은 그 고난도 영광이 되게 만드시는 분이다.

고난을 많이 겪은 다윗의 시를 보라. 다윗은 아들 압살롬의 반역을 피해 도망갈 때 다음과 같이 노래했다.

여호와여 나의 대적이 어찌 그리 많은지요 일어나 나를 치는 자가 많으니이다 많은 사람이 나를 대적하여 말하기를 그는 하나님께 구원을 받지 못한다 하나이다 (셀라) 시 3:1,2

다윗이 밧세바와 동침하는 일생일대의 죄악을 저지르고 난 뒤 선지자 나단이 그에게 왔을 때에도 그는 회개하는 시를 지어 이렇게 고백했다.

하나님이여 주의 인자를 따라 내게 은혜를 베푸시며 주의 많은 긍휼을 따라 내 죄악을 지워주소서 나의 죄악을 말갛게 씻으시며 나의 죄를 깨끗이 제하소서 … 나를 주 앞에서 쫓아내지 마시며 주의 성령을 내게서 거두지 마소서 시 51:1,2,11

주께서는 제사를 기뻐하지 아니하시나니 그렇지 아니하면 내가 드렸을 것이라 주는 번제를 기뻐하지 아니하시나이다 하나님께서 구하시는 제사는 상한 심령이라 하나님이여 상하고 통회하는 마음을 주께서 멸시하지 아니하시리이다 시 51:16,17

시편 51편은 하나님을 깊게 만난 다윗의 노래이다. 그는 죄로 인해 하나님과의 관계가 끊어지는 무서움이 얼마나 끔찍한지를 잘 알았다.

하나님이여 내게 은혜를 베푸소서 내게 은혜를 베푸소서 내 영혼이 주께로 피하되 주의 날개 그늘 아래에서 이 재앙들이 지나기까지 피하리이다 … 하나님이여 내 마음이 확정되었고 내 마음이 확정되었사오니 내가 노래하고 내가 찬송하리이다 내 영광아 깰지어다 비파야, 수금아, 깰지어다 내가 새벽을 깨우리로다 … 하나님이여 주는 하늘 위에 높이 들리시며 주의 영광이 온 세계 위에 높아지기를 원하나이다 시 57:1-11

다윗이 사울을 피해 동굴에 있으면서 하나님의 은혜를 구했다. 그러나 그는 거기에서 더 나아가 주님을 찬양했다. 이것이 도망치고 쫓기는 사람의 시라고 할 수 있는가? 놀랍게도 하나님의 고난을 지나가는 사람들은 그 고난을 통해 하나님을 더 많이 알게 된다. 고난이 깊을수록 그가 하나님을 아는 양과 하나님을 찬송하는 깊이가 한층 깊어진다. 하박국 역시 이스라엘이 멸망의 위기에 있을 때 이 고난이 결국 하나님의 영광으로 변화될 것을 알았다.

하모니 인생

평생 방송국 피디로 일해오신 김정태 장로님이 자신이 암에 걸렸던 일화를 소개한 적이 있었다. 병문안차 많은 사람들이 그를 찾아와 이렇게 물었다고 한다.

"장로님, 괜찮으세요?"

"괜찮아요."

"진짜요?"

"그럼요. 저 지금 숙제하고 있어요."

"무슨 숙제요?"

"하나님이 저에게 숙제를 내주셨어요. '장로가 암에 걸렸을 때 어떻게 살아야 하는지 자신의 삶으로 답하라.' 그래서 저는 지금 제 삶으로 그 답을 쓰고 있어요."

하나님은 한 번밖에 없는 인생 가운데 삶의 상황(context)을 만들어내신다. 때로는 병으로, 때로는 힘든 가정으로, 때로는 우리가 이해할 수 없는 고난을 주시기도 하는데, 우리는 그 상황 속에서 믿음으로 삶의 텍스트(text)를 써나가야 한다.

아무리 세계적으로 유명한 성악가라도 그가 못해내는 것이 있다. 그는 독창은 잘할 수 있지만 하모니를 만들어내지는 못한다. 하모니는 혼자 만들어내는 것이 아니다. 나는 음치이지만 청년 시절에 12년 동안이나 찬양대를 했다. 그러면서 배운 것이 있다. 하나는 지휘자를 봐야 한다는 것이다. 다른 하나는 내 목소리를 높이면 안 된다는 것이다. 지휘자를 보지 않거나 내 목소리만 높이다보면 절대 하모니가 이루어지지 않는다.

우리의 인생은 솔로가 아니다. 혼자 가는 것이 아니다. 우리 인생은 나의 역사를 쓰는 것이 아니라 나와 하나님이 함께 써가는 것이다. 그 안에 주님과 함께 부르는 노래가 있고 하나님의 영광을 노래하며 하모니를 이루어 나가는 것이다.

하나님이 이야기를 중단하지 않으시는 한 하나님의 나라는 지속될 것이다. 유다가 멸망해도 멸망으로 끝나지 않고 결국 예수 그리스도가 오셨다. 하박국은 이스라엘을 통한 하나님의 계시를 보고 그것을 노래한다. 고난이 크면 하나님의 영광도 클 것을 바라본다.

하나님의 명예를 아는 믿음

청년 시절, 나는 새벽 5시에 일어나 군포에서 정릉까지 버스와 지하철을 타고 교회에 갔다. 새벽에 일찍 일어나 주인집 눈치를 보며 화장실을 쓰고 나와 버스를 타고 사당역에 도착해서 전철을 탈 때, 역에는 주일이라서 사람들이 거의 없다. 지하철 역사에서 음악도 흘러나온다. 나를 위해 튼 음악은 아니지만 나는 그 음악을 들으며 성경이 든 가방 하나를 들고 지하철 계단을 또박또박 걸어 내려온다.

나는 항상 주님이 나를 지켜보고 계신다는 것을 알았다. 마치 천국 방송국에서 나를 취재하러 나온 듯, 나는 언제 어디서나 스포트라이트를 받고 있는 기분이 들었다. 전철을 갈아타기 위해 계단을 내려가는 동안 내가 클로즈업된다. 그러면 하나님께서 나를 위해 8칸이나 되는 큰 차를 보내주신다.

"남국아, 네가 원하는 데에 타라."

내가 주인공이기 때문에 나는 그날 타고 싶은 칸에 탄다.

"남국아, 아무 데나 앉아라."

물론 아무도 없다. 나는 내가 앉고 싶은 곳에 자리를 잡고 앉는다. 하나님이 나를 주인공으로 영화를 찍으시는 것 같다는 생각을 한다. 제목은 '하나님의 명예를 아는 하나님의 사람'이다.

나는 오직 내 마음과 내 삶을 지켜야만 했다. 어떨 때는 나도 막 살고 싶을 때가 있었다. 그러나 그럴 때마다 그런 나를 하나님께서 클로즈업해서 보고 계신다는 마음이 들었다.

'오늘도 내가 명예를 지켰구나!'

나는 이 생각을 하며 살아왔다. 요즘 내가 깊이 묵상하는 단어가 바로 이 '명예'이다.

우리의 인생에 고난이 있고, 그것이 비록 해결되지 않는다 하더라도, 명예를 아는 사람은 현실과 타협하지 않는다. 믿음은 명예로운 것이다. 위대한 것이다. 단순히 이 땅에서 먹고살기 위해 살고, 문제를 해결하고, 어려움을 넘어가는 정도의 수준으로 사는 것이 아니라 하나님께서 우리 삶을 통해 하나님의 역사와 계시를 써가시며 그 삶이 하나님나라에 포함되는 삶, 그것이 믿음의 삶이다.

하박국은 하나님을 따라가는 하나님의 백성의 위대함과 아름다움, 그들을 통해 드러나는 하나님의 계시의 명예로움을 알았다. 훗날 주님 앞에 섰을 때, 주께서 "네 삶의 모든 흔적이 나의 이야기였고, 나의 자랑이었고, 나의 영광이었다"라고 말씀하실 때의 명예로움을 알았다. 그 명예를 안다면 믿음의 싸움을 할 수 있다.

내 삶으로 주님을 드러내라

이 땅에서 우리가 할 수 있는 것이 무엇인가? 세상이 주는 고난은 결국 한 가지로 귀결된다. 바로 죽음이다. 아파도 죽는다. 건강해도 죽는다. 돈이 많아도 죽고, 가난해도 죽고, 잘생겨도 죽고, 못생겨도 죽는다. 그러나 우리를 죽여도 우리에게서 빼앗을 수 없는 것이 있다. 바로 믿음이다. 주님의 명예를 아는 믿음은 내가 죽어서도 세상에 빼앗기지 않는다.

세상은 하나님이 택하시고 지명하여 부르신 하나님의 사람들을 핍박할 수 있고 심지어 죽일 수도 있다. 그러나 완전히 끝내지는 못한다. 하나님은 결국 이스라엘을 위대하게 하실 것이다. 하나님은 결국 예수님을 보내실 것이다. 결국 하나님나라의 이야기는 계속 이

어질 것이다. 그 명예를 아는 하박국이 찬송하는 것이다.

이 노래는 지휘하는 사람을 위하여 내 수금에 맞춘 것이니라 합 3:19

하박국의 노래가 성전제의 음악에 사용된 듯하다. 그래서 그를 레위인 출신의 노래하는 자라고 보기도 한다. 하나님이 계시고, 하나님이 하나님의 역사를 써가시고, 어떠한 고난이라도 그 고난을 통해 하나님의 위대하심과 영광을 드러내게 하시기 때문에 하박국의 기도는 곧 노래가 된다.

나는 틱(tic)이 있다. 사실 예전에는 이것이 너무 싫었다. 그런데 지금은 오히려 이것이 감사하다. 언젠가 틱 증상이 너무 심해서 설교에 방해가 될 것 같아서 이것을 미리 고백한 적이 있는데, 틱으로 낙심해 있던 한 중학생 아이가 나의 이야기를 듣고 소망을 갖게 되었다.

그 순간 나는 '하나님이 쓰시기에 나의 고난도 문제가 되지 않는구나. 괜찮구나' 하는 마음에 감사하게 되었다. 비록 내 머리카락이 빠져서 머리카락 빠지는 자들에게 위로가 된다면, 내 키가 작아도 키 작은 자들에게 위로가 된다면 괜찮다는 마음이 들었다. 나의 고난이 다른 사람에게 하나님을 드러내고, 위로가 되고, 하나님의 역사와 계시가 된다면 정말 명예로운 일이다.

주님과 함께 하모니를 이루어 노래하는 인생이 되자. 고난이 끝이 아님을 알고 고난 너머 믿음의 명예를 지키기 위해 부끄럽지 않은 믿음의 싸움을 하자. 우리의 삶이 주님의 역사가 되고 하나님나라의 이야기가 되도록 써달라고 구하자.

의인은 그의 믿음으로 말미암아 살리라

고난 중에서도
믿음으로 살라!

요즘 나는 교회 안에서 상처받고 실망하고 소망이 없다는 사람들을 만나면 그들에게 꼭 이 질문을 한다.

"하나님이 계신 것을 믿나요?"
"살아 계신 하나님을 바라보고 있나요?"

믿음은 실상이다. 믿음은 증거다. 우리는 믿음으로 안다. 하나님은 실제로 살아 계시기 때문이다.

하박국의 소망은 바벨론에 의해 유다가 망하지 않는 것, 유다를 회복시키는 것이었지만 하나님은 반대로 역사하셨다. 그러나 하박국은 그 고난과 역경 가운데에서 하나님이 택하신 백성을 멸망으로 끝내지 않으시리라는 것을 보았다. 믿음의 실상을 본 것이다. 실제 살아 계신 하나님을 본 것이다.

하나님께서 하박국의 희망대로 일하시지 않더라도 결코 유다가

에필로그

망하지 않는다는 것을 아는 것, 살아 계신 하나님이 반드시 이루실 것을 아는 것, 이것이 믿음이다. 우리가 믿는 분은 허상이 아니다. 실제 존재하고 역사하시는 살아 계신 하나님이다.

그렇기 때문에 우리가 믿음의 명예를 지킬 수 있고 내 마음대로 내 뜻대로 세상 것을 좇지 않고 하나님 앞에서 살아갈 수 있는 것이다. 그러나 이 믿음을 붙잡고 산다면서도 우리는 문제가 생기면 쉽게 이렇게 말하곤 한다.

"하나님은 안 계셔!"

살아 계신 하나님을 보지 않고 이 땅의 것, 세상을 보기 때문이다. 오늘 그리고 지금 이 순간 하나님을 바라보지 않고 세상을 바라본다면 무너지지 않을 자가 없다. 그래서 오늘 나 자신의 믿음과 삶을 지키는 것이 중요하다.

아침에 눈을 떴을 때 어떤 느낌이 드는가? 오늘 하루의 책임이 버겁지는 않은가? 나 역시 그날 하루 목소리가 좋지 않아도 오늘 내가 해야 할 설교나 강의를 안 할 수 없다. 무조건 해야 한다. 몸이 아파서 음식이 넘어가지 않더라도 먹어야 한다. 살아가야 한다. 오늘이라는 하루가 내게 주어졌기 때문이다. 우리는 그 하루를 살아내야 한다. 하나님은 오늘도 그 하루의 삶을 통해 하나님의 계시를 써나가신다.

오늘의 고난과 역경도 실제라면, 하나님이 써나가시는 믿음의 역사도 실제다. 우리는 '고난'과 '믿음'의 두 실제를 산다. 오늘 우리에게도 두 실제가 존재한다. 나는 하박국을 통해서 믿음의 사람들은 결국 환난과 상황 때문에 실족하지 않는다는 것을 알게 되었다. 실상은 하나님을 바라보느냐, 믿음이 있느냐가 진짜 문제라는 것을 깨달았다.

하박국의 삶이 변한 것은 하나도 없다. 오히려 더 끔찍한 시대가 오고 있다. 하나님이 변화시킨 것은 상황이 아니라 하박국 자신이다. 하나님께서 하박국을 만드신 것이다. 그리고 그의 삶을 통해 일하신 것이다.

하나님은 우리의 실수와 실패를 넘어서서 역사하신다. 우리 하나님은 하나님을 기대하고 기다리는 믿음의 자녀들에게 반드시 응답하시는 분이다. 우리가 하박국이 찬송한 하나님을 믿으며 우리 자신에게 주어진 하루하루의 삶을 버티며 살아간다면 하나님은 우리에게 넉넉한 승리를 주시는 분이다.

하나님의 계시는 결국 승리이다. 그래서 우리도 반드시 하박국처럼 노래하게 될 것이다.

기다려라, 반드시 응하리라

초판 1쇄 발행	2014년 12월 29일
초판 4쇄 발행	2020년 1월 15일

지은이	김남국		
펴낸이	여진구		
책임편집	안수경		
편집	이영주 김윤향 최현수 김아진		
디자인	마영애 노지현 조아라 조은혜		
기획·홍보	김영하	해외저작권	기은혜
마케팅	김상순 강성민 허병용	마케팅지원	최영배 정나영
제작	조영석 정도봉	경영지원	김혜경 김경희
이슬비전도학교	최경식	303비전성경암송학교	박정숙
303비전장학회 & 303비전꿈나무장학회	여운학		

펴낸곳	규장

주소 06770 서울시 서초구 매헌로 16길 20(양재2동) 규장선교센터
전화 02)578-0003 팩스 02)578-7332
이메일 kyujang0691@gmail.com
페이스북 facebook.com/kyujangbook   홈페이지 www.kyujang.com
카카오스토리 story.kakao.com/kyujangbook   인스타그램 instagram.com/kyujang_com
등록일 1978.8.14. 제1-22

ⓒ 저자와의 협약 아래 인지는 생략되었습니다.
이 출판물은 저작권법에 의해 보호를 받는 저작물이므로 무단 전재와 무단 복제를 할 수 없습니다.

책값 뒤표지에 있습니다.
ISBN 978-89-6097-388-6 03230

이 도서의 국립중앙도서관 출판시도서목록(CIP)은 서지정보유통지원시스템 홈페이지(http://seoji.nl.go.kr)와
국가자료종합목록구축시스템(http://www.nl.go.kr/kolisnet)에서 이용하실 수 있습니다.
(CIP제어번호 : CIP2014037639)

규 | 장 | 수 | 칙

1. 기도로 기획하고 기도로 제작한다.
2. 오직 그리스도의 성품을 사모하는 독자가 원하고 필요로 하는 책만을 출판한다.
3. 한 활자 한 문장에 온 정성을 쏟는다.
4. 성실과 정확을 생명으로 삼고 일한다.
5. 긍정적이며 적극적인 신앙과 신행일치에의 안내자의 사명을 다한다.
6. 충고와 조언을 항상 감사로 경청한다.
7. 지상목표는 문서선교에 있다.

하나님을 사랑하는 자 곧 그의 뜻대로 부르심을 입은 자들에게는 모든 것이 合力하여 善을 이루느니라 (롬 8:28)

규장은 문서를 통해 복음전파와 신앙교육에 주력하는 국제적 출판사들의
협의체인 복음주의출판협회(E.C.P.A:Evangelical Christian Publishers
Association)의 출판정신에 동참하는 회원(Associate Member)입니다.